德國
史特拉斯堡
亞爾薩斯
士
沙木尼
白朗峰
托里諾
義大利
尼斯
摩洛哥
坎城
往科西嘉
科西嘉

法國分區圖

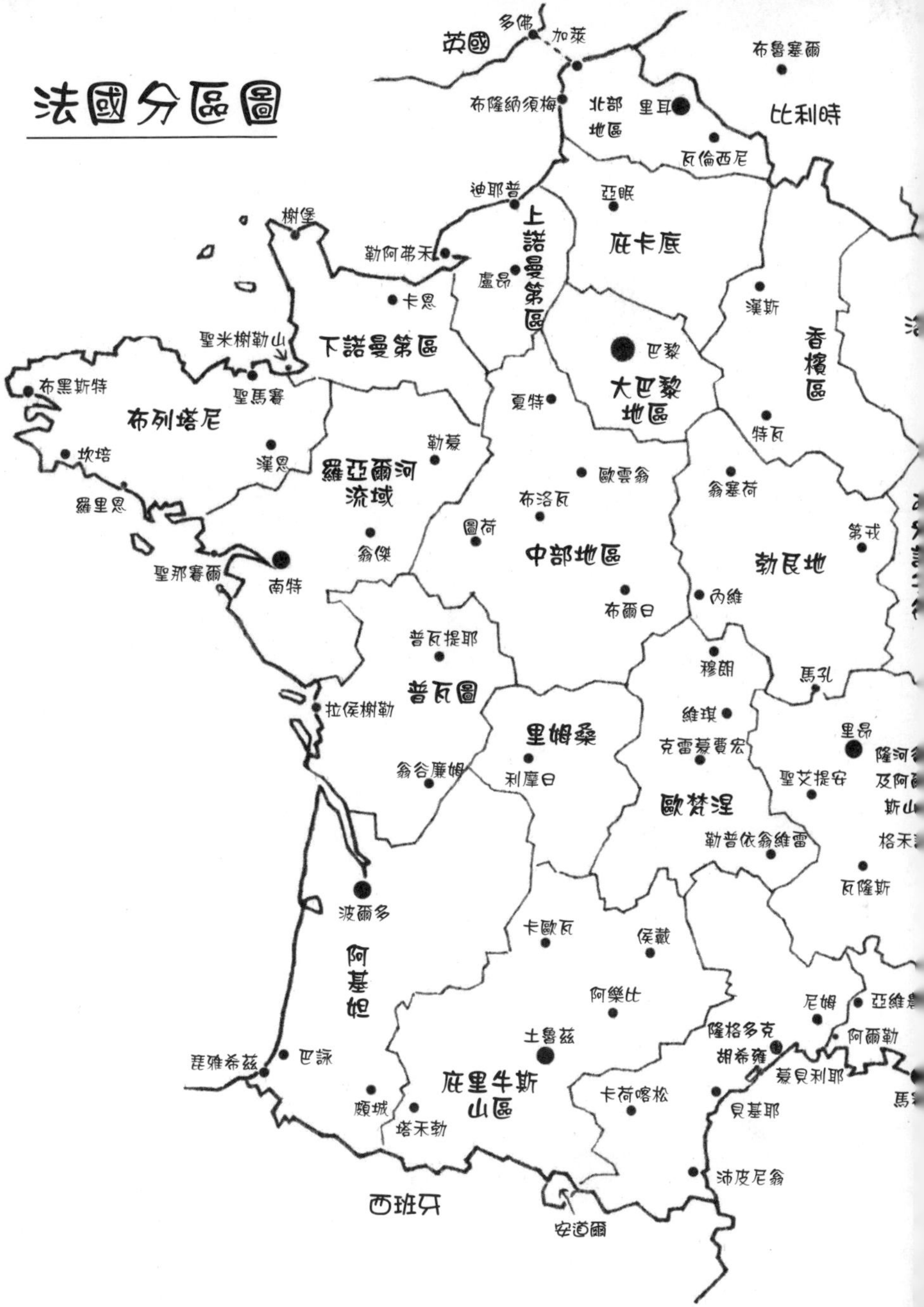

英國
多佛
加萊
布魯塞爾
比利時
布隆納須梅
北部地區
里耳
瓦倫西尼
迪耶普
亞眠
庇卡底
樹堡
勒阿弗禾
上諾曼第區
盧昂
卡恩
漢斯
香檳區
聖米樹勒山
下諾曼第區
巴黎
大巴黎地區
布黑斯特
聖馬賽
布列塔尼
夏特
特瓦
坎培
漢恩
勒蔓
羅亞爾河流域
歐雲翁
翁塞荷
羅里恩
布洛瓦
圖荷
中部地區
第戎
勃艮地
翁傑
聖那賽爾
南特
布爾日
內維
普瓦提耶
普瓦圖
穆朗
馬孔
拉侯樹勒
維琪
里昂
里姆桑
克雷蒙費宏
翁谷廉姆
利摩日
聖艾提安
歐梵涅
勒普依翁維雷
瓦隆斯
波爾多
卡歐瓦
侯戴
阿基坦
阿樂比
尼姆
土魯茲
隆格多克
胡希雍
阿爾勒
琵雅希茲
巴詠
蒙貝利耶
庇里牛斯山區
卡荷喀松
貝基耶
頗城
塔禾勃
沛皮尼翁
西班牙
安道爾

法國閒遊地圖

文・圖 稻葉宏爾

譯 張司昀

目錄 CONTENTS

1 街頭與人物觀察

2 春夏秋冬四季觀察

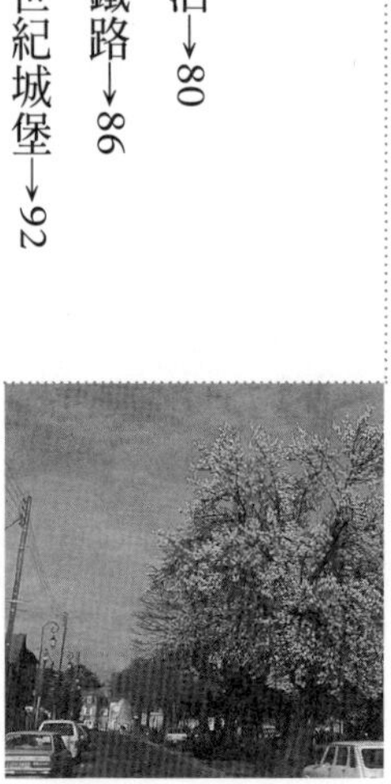

3

日常生活觀察

1

街頭與人物觀察

Vaugirard 大道 407 號

在法國，不管是多小的道路都有名字。除了遠離村莊的農村之外，法國街道的每棟建築物，不，或許應該說是每個建築物入口都有一個號碼，即住址標示。街道一側爲奇數，而另一側爲偶數。面對廣場的建築物當然也標示著號碼。因此，只要知道街道名稱及門牌號碼，再有張記載街道名稱的地圖，即使初到此處也不會迷路。

在十字路口角落的建築物牆壁上，通常會掛有標示街道名稱的牌子。我所居住的巴黎郊外街道，大多是附有庭院的獨棟房子，所以在十字路口的走道角落立有指示牌。號碼則各自掛在建築物大門的四周或是門上。

羅特列克（H. de Toulouse-Lautrec）曾經住在蒙馬特的山腳下。Caulaincourt 街的 21 號，以及 Tourlaque 街的 5 號。他在這個地方搬過好幾次家，所以旅遊指南會介紹好幾個地方。其實，坐落在這兩條街道的房子，指的是同一間。位於十字路口角落的建築物，掛著號碼的大

Vaugirard大道407號的標示牌。

門所面對的道路就是它的住址，但如果兩邊道路都有出入口的話，那麼同一棟建築就會有兩個住址了。

所謂每個出入口都有門牌號碼，例如將大型房屋的庭院分隔一部分出來，再另外蓋一間房子時，就必須要有一個新的門牌號碼，爲了避免之後的門牌號碼不吻合，就會使用bis及ter。

之前住的公寓是建造於十七世紀的大宅第改建的。雖然是一棟建築物，但面對前庭有好幾個出入口。每個出入口都有門牌號碼。依照順序，1、1bis、3、3bis、3ter、5、5bis……。要是bis跟ter不夠用，聽說還有quarto可以派上用場。但還沒看過就是了。相反的，建築物被拆除，出入口消失的話，門牌號碼就空下來了。

巴黎的每戶人家都有門牌號碼是在一五〇七年，而橫跨塞納河的聖母院橋兩旁的建築物則是最先開始有的。在一七二六年，建築物出入口都雕刻號碼，而在一七二九年，每個街角的建築都標示著道路名稱。

現在統一使用的系統是革命後的一八〇五年完成的。與塞納河垂直交叉的街道以靠近塞納河爲起始，與塞納

羅特列克居住過的房子。

在出入口雕刻門牌號碼的十八世紀的房子。

這個4看起來會讓人很痛。

二〇年代的裝飾藝術。

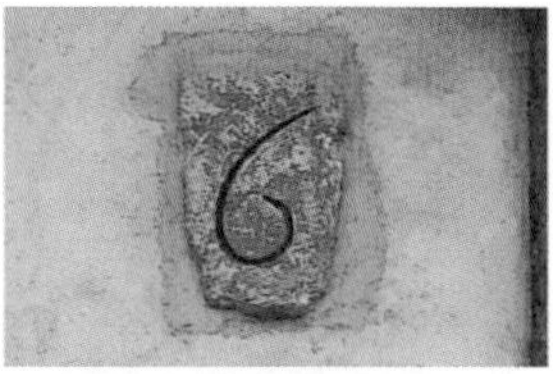

鑲嵌著刻有數字的自然石材。

巴黎16區的凡爾賽大道的社區。在地鐵入口處可以看見建築家吉瑪（Hector Guimard）的新藝術數字。

也有圓形及橢圓形的琺瑯標示板。

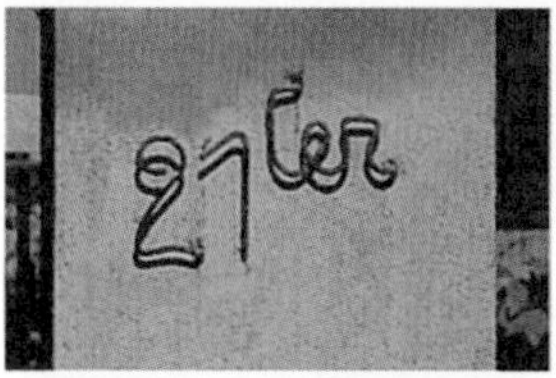

一筆寫出（？）的鐵棒ter。

手繪的自創瓷磚。

古都布爾日十九世紀鑄鐵製品。

為何要刻意傾斜呢？

巴黎16區二〇年代馬賽克門柱。

與右頁的5同時期的作品。

從前的現成瓷磚商品。

為方便閱讀而上色。南錫所見。

巨大的22號門牌是巴黎20區重建後的史湯達爾大道上的新公寓。

十八世紀建築物的古典裝飾。

樸素的8。

古老的珐瑯標示板。

該說是存在呢，還是隨意寫上呢？

以三〇年代書寫體寫上的30。

巴黎13區的工作室入口。

河平行的街道則是以上游爲起始，街道左側從1、右側從2開始編號。當然，與塞納河垂直或平行的街道也很多，所以有些的確有點牽強。

一八二六年，在巴黎隨處可見藍底白字，寫著街道名稱、門牌號碼的琺瑯製標示牌。

這種設計大多仍沿用至現在。古老的街道上，仍保留著當時的琺瑯數字牌。除了這個標準形式外，也有其他像是用石頭雕刻、新藝術及裝飾藝術時代的各種作品，而它們也代表著那條街、那棟建築物所建造的時代。而在住宅區及偏遠地方的小城鎮，可以發現許多很有個性的數字。我們可以看見的，並不像在建材行等販賣的琺瑯、鑄器及瓷器等的製成品，而是爲了與門前鐵欄杆搭配而特別訂做，或是用彩色瓷磚組合而成、以繪畫裝飾等，讓門牌數字顯得相當活潑。

街道越長門牌號碼的數量也就越多。巴黎最大的門牌號碼是在聖米榭大道開始一直延續到地鐵凡爾賽站的Vaugirard大道。Vaugirard大道早在羅馬時代，巴黎還叫做Lutèce時就已存在，是一條歷史悠久的大道。但它

十九世紀商店建築入口處照明。

自創的琺瑯標示板。

並不是特別雄偉的大道，從索爾本大學前面起，朝在十九世紀編入巴黎的 Vaugirard 村延伸，橫切過 Laspail 及蒙帕那斯，穿過熱鬧的村落中心部分、從環狀道路穿出，是條不怎麼起眼的街道。長 4,360 公尺，這條巴黎最長街道的終點是環狀道路前的 407 號建築物。

接著是穿過梅尼蒙當及伯維的庇里牛斯大道的 401 號。這條街道長 3,515 公尺，比 Vaugirard 大道短八百公尺以上，但只有三棟建築物。這是因爲它位在偏遠的高地上，所以才只有幾間房屋。

Vaugirard 大道。

悠閒的庇里牛斯大道。

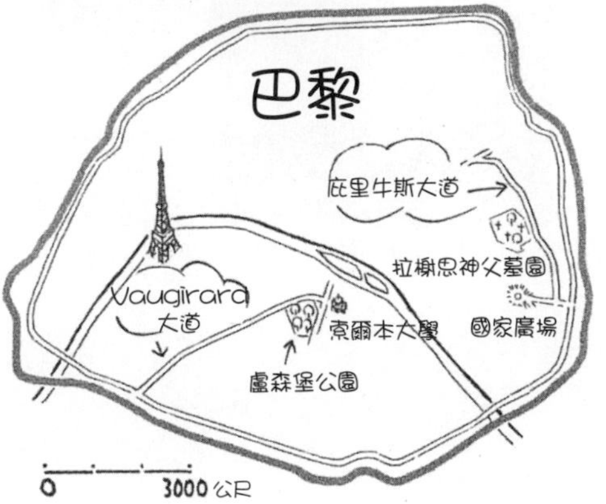

法式庭園與自然風造景園

在我住的地方附近，有個曾經是路易十四的財政大臣高樂貝（Colbert）居住過的城堡，現今已成爲梭公園。人工運河、階梯狀的瀑布、放射狀的林蔭步道，所有景觀都以左右對稱的幾何學爲基礎的造景庭園。草坪上的樹木也整整齊齊地修剪成長方體、球體、圓錐體形狀。

設計者勒諾特（André Le Nôtre），也就是設計楓丹白露宮及凡爾賽宮等許多城堡庭園之十七世紀的造園家。他以逐漸萌芽的近代科學方法來掌握宇宙及自然的規律法則，並結合上王權所賦予的絕對力量，創造出這個以幾何學所構成的法式庭園。

法式庭園的花圃如繪圖般種植許多花草。沃勒維孔特堡與薇蘿德希堡以蔓藤花樣及幾何設計爲特色，但在偏遠城鎮的區公所前面及城鎮入口的街道旁等，則闊氣地用花草種植出城鎮徽章及城鎮名。位於羅亞爾河口的南特公園（Nantes），花匠老兄蹲在花圃上面的跨板上，

梭公園的圓錐體樹木。

杜樂麗公園的午後。午睡中的女士、做日光浴的老兄，以及陷入熱戀中的男女。

小心翼翼地替花草做換季的工作。梭公園的花圃不知何時，也將早春綻開過的白色水仙，替換成黃色鬱金香。

羅浮宮前的杜樂麗庭園也是勒諾特設計的。羅浮宮美術館及庭園歷經整體翻修的工程。將已經嚴重變形的十九世紀建築物，盡可能修繕至原型。但卻種了好幾種看似野草的花卉，刻意創造出一股「野生意象」。

英國庭院常見的「野生風」花圃造景，這數十年來成爲法國園藝界的潮流，從一九八〇年開園的伯維公園開始，和柏西公園等，九〇年代新建造於巴黎的公園也絕對會規劃出自然茂密而帶有草原風味的花圃。沿著15區的塞納河蓋建的安德瑞・雪鐵龍公園是將汽車工廠舊址再度開發後所完成的大型公園。並列於斜坡的噴射式水柱，及在以大型溫室爲中心的公園當中的野生庭園區，栽種著茂密的野生植物。悠閒仰躺觀察雲朵的移動，彷彿身處於高原上。

拉丁區克呂尼中世美術館的「中世庭園」，種植了出現在美術館展示的掛毯〈婦人與獨角獸〉當中的野生花草及藥草。比起傳統法式庭園的整齊花圃，帶給人更親

安德瑞・雪鐵龍公園的「野生」庭院。

盧森堡公園中，進行滾球遊戲的大叔。

切的印象，可以看見躺在椅子上午睡的人，流露出悠閒自然的表情。

但這種野生風味的種植方式，如果是品味佳的造景家或園藝師經手，應該會設計出不錯的花圃，但要是缺少藝術天分，那麼所培植的花圃可能就會雜亂無章了吧！在我居住地方的隔壁城鎮，趁著這股流行風潮也開始種起野生風花圃，但花草種類及顏色搭配簡直亂七八糟，街道上彷彿未生流及草月流初學者的作品展。

跟東京山手線內緣部分差不多大的巴黎，有四百座大大小小的公園。街角公園裡愛好滾球遊戲的大叔，盧森堡公園及杜樂麗庭園的池子旁，孩子用竹棒推動著小船，興高采烈玩著舊時的遊戲。

用竹棒推著借來的小船，
讓它漂向對岸。就這麼簡單。

瑪黑區卡那瓦雷博物館（Musée Carnavalet）修剪之後的法式中庭。

從架在花圃上方的木板來整理花圃的南特公園園藝師。

在里耳近郊的 Tourscoin
區公所前面。

柏西公園配色高雅的自然風花圃。

杜樂麗庭園的野生風花圃。

瑪德蓮教堂（La Madeleine）的樓梯，變身成特定季節的花圃樓梯。

廁所見聞錄

在巴黎或法國街道閒逛，最傷腦筋的就是想上廁所的時候。在日本只要找附近的車站、百貨公司或雜居公寓即可。但在巴黎，車站也幾乎沒有廁所。就連有上萬人使用的磊阿勒鐵路終點站，也是到最近才在剪票口旁設置小型付費廁所。不知是不是法國人的膀胱容量大，似乎並不困擾，會在百貨公司詢問店員廁所位置的大概只有帶著小孩出門的人吧！

可以到咖啡店，但偶爾會遭遇恐怖的事。黑漆漆、骯髒不堪，當然沒有衛生紙。沒有洗手台、門打不開或關不上。馬桶蓋不見、沒水沖馬桶。電燈不亮……。

門口坐著廁所清潔管理員（通常是老婆婆），進去使用必須先行付費，讓人比較安心。但最近很少見。

電燈不亮的原因，大多是因爲門一上鎖點燈的裝置就會壞掉。只要心中有了覺悟，即使漆黑一片也沒關係，下定決心關上門，通常都能獲得解決。

最令遊客驚訝的是「土耳其式廁所」。照片中的廁所算是比較乾淨的，像是整個地板凹陷下去、腳踏板翹起的廁所還是比較多。小心翼翼不要讓自己從腳踏板跌落，將該辦的事情辦好之後，繩子一拉。強力衝勁的水流直衝腳下。不想讓鞋子、褲子噴濕的話，就要將門打開一半，從靠近廁所門口的地方，伸長了手拉繩子。在同一時間，需要敏捷地逃出門外。這在咖啡店及餐廳廁所是很常見的，但就連老舊公寓一般也都是這樣的。

在日本，曾經有過「土耳其浴」。因爲說這是差別歧視而停止使用這個詞彙，但在法國「土耳其式廁所」的詞彙或設備都仍被使用。

大部分的土耳其其、聳立於伊斯坦堡的十六世紀甦蕾曼清眞寺庭院中的廁所，不愧是土耳其式廁所的始祖。在這裡，用放在角落水壺中的水來沖，然後再幫下一個使用的人把水先裝好。在牆壁及地板舖貼上白色大理石的安靜單人房（只是沒有門）中，與其說是法國的「土耳其式」，倒不如說是接近「和式」的優雅廁所。

路修尙舊城跡聳立於大巴黎地區與諾曼第的邊境，塞

好可怕喔！
土耳其式廁所。
錢包掉下去
的話，就不
得了了

這是土耳其式廁所。屁屁朝前使用。

街角的高科技全自動付費公共廁所（投幣式公廁）。十歲以下的小孩需大人陪同。

將十九世紀的莫里斯圓塔後廣告塔改建成廁所及電話亭。

路修尚城的「士兵的奮（糞）戰遺跡」。

十九世紀的遺物「蝸牛」。

高科技廁所的機關。

納河岸的高地。在這個城堡要塞的高塔上，可以看到中世紀騎士所使用的廁所，它的設計是讓排泄物直接從坑洞掉到高塔下方。這會讓想要攻陷城堡的士兵感到格外的憤（糞）慨吧！

財務大臣富格（Fouguet）位於巴黎東南的Melun鎮近郊的沃勒維孔特堡，則因過度奢華而曾經受到路易十四責備。在化妝間裡，展示著當時王公貴族所使用附有圓形洞孔的椅子。

聽說，路易十六及王后瑪麗·安東奈特曾在凡爾賽宮使用過溫水沖洗式馬桶。在法國，從當時到最近，都普遍忽視廁所的存在價值吧！

在建築學校授課的Roger-Henrill Guerrand於《廁所文化史》中，提到許多關於法國廁所的深奧學問，以及各種實際例子及數據。

即便是十九世紀的巴黎，把垃圾從窗口丟到馬路上的情形仍是很常見的。市內的下水道管線已然完備且強調

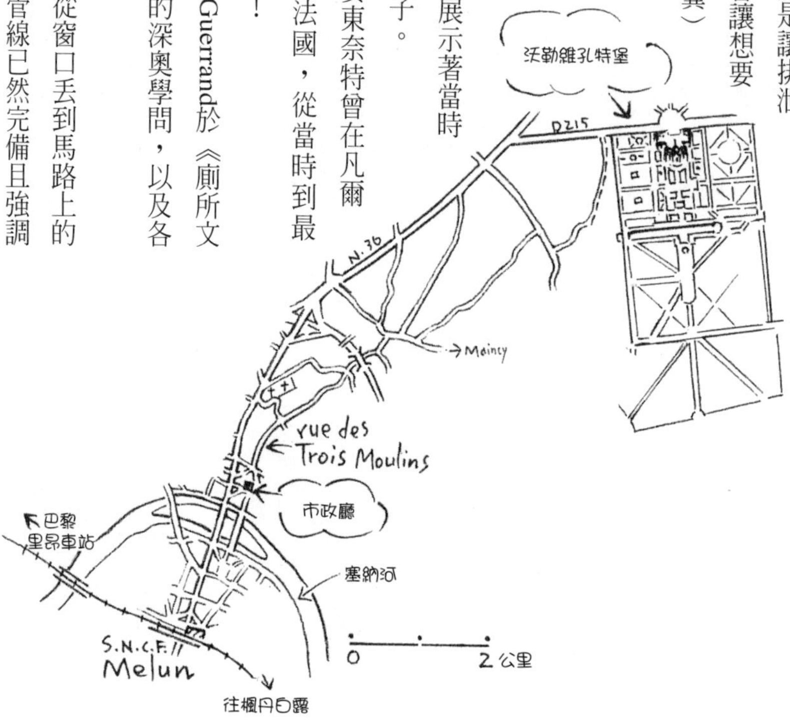

沖水爲每個人的義務，但沖水馬桶的普及率還是不見上升。再加上在法國，對稱爲「英式廁所」的普通洋式馬桶（有底座）的偏見，至今仍然感到抗拒。

另一方面，新型高科技廁所也接連著登場。設置在巴黎街角的公眾廁所是需要付費的。投入三十生丁（centimes）、按下按鈕，就可打開廁所門。使用後，整個內部會自動清洗乾淨，連馬桶座也會消毒。使用時，可以聽到音樂。但卻只能使用十五分鐘。雖然不知道這個時間限制是如何計算出來的，但似乎是爲了防止事故及犯罪的發生。在很久之前，曾經發生小孩單獨進入廁所，卻因爲體重過輕使得自動門無法打開，最後死在廁所內的事故。經過改良之後，即使超過十五分鐘你還在跟便便奮戰，廁所門也會自動打開，沒得商量。

或許是因爲空間幽閉症的恐懼感，以及不好意思就在人來往的大馬路上進出廁所，所以這個高科技廁所並不太受到歡迎。走進一看，裡面甚至還有附鏡子的洗手台，其實還滿舒適的……。

沃勒維孔特堡的各種「廁所椅」。

按下按鈕之後，水自動流出。同時，甜甜圈形狀的馬桶座靜靜地轉動。
有些餐廳附有消毒、乾燥功能的最新型廁所。

地鐵驗票

數年前，巴黎開通的14號地下鐵是沒有駕駛員的自動化地下鐵。幾乎同時，1號線也導入了擁有自動車門的新車。這對巴黎來說是一件劃時代的大事。所以，同乘1號線時，可以看到露出「咦？」表情的人。也有因爲沒有要下車的人而靠在車門聊天，或是來不及下車而驚慌失措的人。巴黎地鐵不論是坐到哪裡、轉車幾次都是同一票價，出口也看不見驗票的人。也因爲如此，入口的自動剪票口眞是亂得可以。放進車票之後，差不多腰際左右高度的橫桿應該就能夠扳開。用腰部往前推動這根橫桿便可以通過。

以前，只有橫桿而已，但因爲有太多人輕易就可跳躍過去，因此才多加裝了迴轉橫桿，並且在側邊裝置了會連鎖打開的門。沒有迴轉橫桿的地方，取而代之的是檢查車票的同時，就會連鎖打開的自動剪票口。伴隨著壓縮空氣的噗嗤聲，門自動打開一瞬間。大概就只能讓一

自動駕駛的14線上的國家圖書館車站。

拉起這個把手，門就可以打開。

個人通過的時間。要是手裡提著大包小包的行李，可能會來不及通過。我家兒子在小時候，就曾經被這種門夾到臉而放聲大哭呢！

就算難度這麼高，但還是有許多老兄邊說著「抱歉」，邊推擠著別人的後背，輕輕鬆鬆就通過了。自由越過東京地下鐵剪票口的「外國人」，肯定是在各國累積豐富經驗的老手了。

因絡繹不絕的逃票乘客而無計可施的地下鐵當局，對於驗票變得特別嚴格。由幾位身穿制服的驗票人員組成小組，在車廂內進行驗票工作。最近，更在剪票口安排天羅地網，對前一秒才逃票闖關的

戒備森嚴的自動驗票口。如果沒有正式的車票……。

暗藏玄機的驗票口。

沒有車內播音、廣告極少，就算有扒手但沒有色狼。

人以現行犯予以逮捕。

就在好幾年前，我也曾經未在剛買的「周票」（Carte Orange）寫上自己的號碼就坐車，然後剛好遇到驗票人員的驗票。沒有寫上號碼就等於是不正當使用。就算你用「我剛剛才買的，恰巧手邊也沒有原子筆」作爲藉口，還是會得到「oui monsieur.（是的，先生。）我想的確如你所說的，但規則總還是規則」的回答，並且確實予以罰金。勉爲其難付了罰金後，驗票人員會面帶微笑說：「merci monsieur.（謝謝，先生。）」

大致來說，即使想逃票的人大大方方地從售票處擠過，售票員也只是擺出一臉不知情的模樣。售票的人只負責售票，打掃的人就負責打掃，驗票員則專門驗票。反正這也不是地下鐵職員才會發生的。

炸彈事件要比驗票恐怖多了。由我家南部的郊外通往巴黎的 **RER**（郊區高速電車）B線，自一九九四年到一九九六年頻頻發生的無目標炸彈事件中，最爲悲慘的是聖米榭車站、**Port-Royal** 車站兩條線路。我自己不曉得在哪一天，或許是在數分鐘前恰巧經過這幾個車站。特

連結 Étoiles 及 Nation 的 2 號及 6 號線，大部分都是走高架路線。

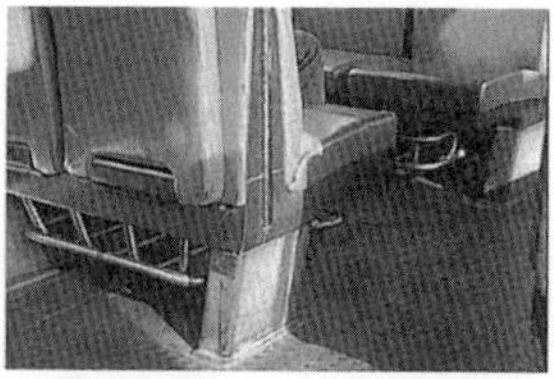

在爆炸事件過後，為讓座位下方無法放置不明行李而設計的管子。

別是在聖米樹車站發生爆炸時，剛好與家人約好在沿線的車站碰面，就在等待他們的時候，電車因事件的發生而停駛，讓人整顆心七上八下的。

之後，所有車站的垃圾箱及投幣式置物櫃都被封鎖，而在車站及車廂內也經常看見扛著機關槍的軍隊，用銳利的眼光四處巡視。一旦發現不知所有者的行李或不明物體，電車便會立刻停止行駛。

歌劇院附近的車站扒手很多，甚至在通往機場的郊區電車上，明目張膽搶奪旅行者手提行李也大有人在，絕對不可以疏忽大意。

話雖如此，但自從一九九○年開業以來，巴黎地下鐵因成爲市民的替代雙腳而受到歡迎。新藝術建築師吉瑪所設計的車站很不錯、裝飾藝術的車站也很獨特。工作人員熟練地替換月台的巨型海報也很有趣。

在通過進出口時，大家會幫下一個人壓著門等他們通過，看見老年人及身體不便的人，會立刻讓位、給予協助。最近，因持續不景氣使得失業者增加，但街頭音樂家的手風琴音調卻未曾改變，讓車內顯得一片和睦。

在地下鐵
可以看到各種
類型的音樂家。
但有些表演
真是糟透了。

前陣子遇到愉快唱著歌的父親，
以及手拿著空鐵罐，
在車廂內四處討觀賞費的兒子。
還滿多人欣賞的。

也有許多獨具風格的車站。聖傑曼德佩車站中，
將作家及詩人作品的一部分以投影的方式展現出來。

壁畫的錯覺繪法

在十九世紀的巴黎大改建時，爲了方便區劃整理而將鄰接的建築物拆毀，因此磚瓦裸露在外的牆壁也變得多見。而將這些牆壁拿來作爲廣告宣傳的空間，大概是從巴黎外牆繪畫開始的吧！

即便在今日，老舊建築物的牆壁上仍可看見St. Raphael及Suze等餐前酒的商標，這些幾乎都是在一九三〇年代所繪製的。另外，從各處牆壁可以看到過去曾出現在電影中的巴黎情景。

雖然已幾乎消失不見，但在7區Sevre大道的DUBO-DUBON-DUBONET是由二十世紀前半的代表性設計師卡桑德爾（Cassandre）在一九三三年的名作。位於16區Auteuil大道的餅乾廣告LU是Firman Bouisse的一八九七年作品的復刻版。

在一九三〇年之前相當盛行的牆壁廣告，卻因一九四三年的法律制定，將戶外廣告的規格限制在十六平方公

遺留在13區的 St.Raphael 廣告。

在13區也可看見 Suze 的商標。

尺以內，或許也因爲電影廣告成爲主流，所以戶外牆壁廣告逐漸的衰退。

從一九六八年到七〇年代，或許因學生街頭鬥爭的影響使得七〇至八〇年代的法國街頭四處可見牆壁塗鴉。大多數是用噴霧罐彩繪出的小型作品，但偶有大型作品。眞正的「藝術牆壁」則幾乎是跟塗鴉同時出現。

接近磊阿勒，在熱鬧滾滾的 Etienne Marcel 街道上，可以看見描繪著建築物的巨大樓梯，以及 Sébastopol 街的樹木剪影之牆壁，展現出與現實街道風景重疊的特殊效果。彩繪在20區 St. Fargeau 消防署牆壁上的建築物畫作，是與原來建築物接連而成的，因此很難看出究竟從哪裡開始才是畫。

以寫實的手法將現實中不可能出現的情景描繪出來，看起來就像是眞實風景的一部分，也就是所謂的錯覺畫（Trompe-L'oeil）。毫不做作地出現在街頭，除了畫作相當大之外，這種錯覺畫法非常適合應用在壁畫上。描繪出實際上並不存在的門及窗戶，且與眞正的窗戶並排在一起，這種類型的創作法不管在哪個城鎮都很常見。

19世紀，LU的廣告復刻版。

東車站附近的錯覺畫。

提著大皮包攀登的人。在磊阿勒附近的壁畫〈樓梯〉雖是重畫，但更像是幻想作品。

克利齊廣場（Clichy）內側的安靜通道的插畫。

DUBO DUBON DUBONNET，卡桑德爾的作品。

鋁板的肖像畫。

畫有梯子的是消防署的牆壁。

亞維農的區公所前廣場，因並列的咖啡露天座及旋轉木馬而顯得熱鬧非凡。廣場旁邊的數間住家的牆壁便有以錯覺畫法描繪的窗戶。或許此處是國際戲劇節的舉辦城市，因此窗內的景象全都是電影及戲劇的場景。就像是傑哈．菲利浦（Gerard Philipe，1922～1959）正從窗邊俯瞰整個廣場。

巴黎市內現在還有超過一百件壁畫。東車站附近的聖德尼長方形教堂上面，Saint Vincent de Paul的巨大肖像便是利用長短薄鋁板讓陰影呈現的設計。作者的建築師伊華拉爾是著名的抽象畫畫家瓦沙雷利的兒子。5區笛卡爾街與17區Biot街的插畫很有看頭，而在13區Château des Rentier街公營住宅的牆壁上，則描繪了周邊的地圖。工程如此浩大的大型瓷磚地圖是建築師從設計階段便開始規劃的。

巴黎市設置有壁畫審議會這樣的機構，負責市內壁畫的分配及管理。審議會對於獲得文化省、都市計畫廳及法國建築學會認可的作品給予製作許可。

雖說通過了審查，但未必所有的作品都是好的作品，

笛卡爾街的樹木。

亞維農的傑哈．菲利浦。

前面的樹是真的。

這就是藝術的通則。其中也有些極爲弔詭的奇幻作品，以及不管怎麼看都很遜的童話插畫。

如果只是路過觀賞的話，可能只是單純覺得「品味很糟」，但對於每天看著這些壁畫過活的人來說，或許會感到十分痛苦吧！

將與牆壁接連的隔壁棟建築物拆毀之後，常可看到裸露在外的內壁原封不動地保留下來。在能眺望馬賽港的高地所發現非常有活力的壁畫，這是利用內壁的隔間痕跡，由好幾個人共同繪製而成的。

留下暖爐及煙囪的痕跡，這是拆毀的住家內壁。

這裡已經有新的建築物……。

馬賽高地的活潑壁畫。

由建築工作室所設計。

歌頌自由的塗鴉藝術

雖然接觸了壁畫這項藝術，但在一九七〇年後半段開始一直到九〇年代初，在法國各地興起塗鴉藝術。在建築物牆壁及圍牆是比較常見的，甚至連車站月台、電車都成爲塗鴉的創作園地。

這股流行風潮從巴黎開始，一直擴散到史特拉斯堡、南特、尼斯、蒙貝利耶等法國各主要城市，而在里耳、里昂及馬賽等地，街頭佇立的雕像及紀念像幾乎都被塗上鮮豔的色彩。

歐洲整個經濟狀況還算過得去，但對國內有近百分之十失業者的法國來說，卻引爆了居住在都市週邊的集體住宅區、沒有工作的年輕人的不滿。也就是說頻頻發生稱爲「郊外問題」的動亂及事件。在日本曾經上演過的電影〈恨〉（LA HAINE）中，也描述了這群年輕人無處發洩的不滿情緒。

塗鴉的大流行便是懷有這種情緒的年輕人發洩激憤的

塗鴉上畫的也是 Tag。

行家所繪有品味（？）的 Tag。

行動。大多是使用尼龍筆及彩色噴霧罐彩繪出自己所屬的團體名稱，十分單純。這些作品又稱爲Tag。

巴黎地下鐵的車體及車內也曾經畫滿了塗鴉。RATP（巴黎市公民營交通機構）爲了將這些塗鴉擦拭乾淨，以及塗抹上無法著色的特殊塗料等工作，一年之間耗費了近一億元以上的巨額預算。

雖然Tag的流行已逐漸衰退，但在以週邊地區的城鎮爲中心的巴黎市內，以及從戴高樂機場機場通往巴黎的沿途，現在仍可看見許多過去遺留下來的塗鴉。最近，出現在電車玻璃窗刮出文字的惡劣Tag。當中有些Tag還滿有水準的，但大多數還是劣質作品。

進行再開發的Tolbiac地區。

6區的Dauphine街道。在休息商店的鐵捲門上創作。

另外，與Tag流行的同時，雖然數量少了許多，但也有一看就知道漂亮的藝術塗鴉登場。

用像似行家專業筆法所描繪的作品，以及使用模繪畫法（模畫板）的作品等，大多數的作品都是下了許多工夫。現在要是發現了新作品的話，也會讓人感到特別興奮。塗鴉藝術可說是街頭的戶外藝廊。

作爲Agnes Varda的電影〈達蓋禾街的人〉場景的巴黎14區達蓋禾街，是條充滿平民氣息及朝氣的商店街。位於這條街道的小型廉價飯店是「骷髏杯」的金子光晴及三千大夫人住過的地方。在飯店入口處旁邊，可以看到用模繪畫法、毫不做作地畫出翩翩起舞的女子。而在畫的旁邊則寫了一首短詩（？），並有Miss. Tic的署名。Miss. Tic是從八〇年代開始，持續在這條街道進行街頭繪製的先驅者，其作品集已有出版社出版。

藝術塗鴉中常可見到文學作品，像是取自波特萊爾及藍波的一小節。而在聚集了製作家具等師父的街道，巴士底小巷，可以看到露出肚臍的流浪兒的畫。作者是「大道藝人」。

連地下鐵的地板也有。

達蓋禾街的舞者。

成爲電影〈紅色氣球〉的舞台，孕育出皮雅芙（Edith Piaf）及 Chevalier 的伯維、梅利蒙唐（Menilmontant）地區是留有巴黎偏遠地區古老善良風俗的場所。但隨著巴黎的都市再開發計畫的進行，在近十幾年，這裡也有了相當大的改變。Jacques Rene 及 Willy Ronis 等攝影師所拍攝，過去那條將整個巴黎平民生活呈現出來的街道已經消失。

爲此而抗議的藝術家相當多，甚至有些占據建築物作爲共同工作室的團體。這條街上四處可見許多等待被拆毀的老舊空房。這些舊房子的門與牆壁絕對會看到 Jerome Mesnager 所描繪有各種姿勢的白色人體剪影。這些沒畫上衣服的剪影，是對這條失去原有面貌的街道，感到可惜的人的精神象徵。

塗鴉藝術家大多爲藝術及市民的自由而歌頌。因此，並不是任何地方都能作爲塗鴉創作的場所，應該選擇眞正能表達內心想法的地方。

在巴黎瑪黑區等老街的角落，可以看到這種扭扭光頭。安德列製作。

像這樣並排在一起。

在各個地方皆可看到，彩色瓷磚所拼出的馬賽克。

FN 是雷朋所率領的極右派。

AMAZON（私人區域）。Miss. Tic 的作品。

聽吧，聽吧，四處都是警察，根本沒有正義可言。

NEMO 所畫男人的黑色剪影，梅利蒙唐的名作。

梅利蒙唐的名作，Jerome 的白色剪影。

原是舊冷凍庫，現在成為藝術家的城堡。

總是乖乖守護的狗。

南法亞爾的塗鴉相當悠閒、親切。

在路上盛開的花朵。

蒙馬特的樓梯的下水道蓋小子。

奧德翁街的詭異男人。

肖像畫家與寫生畫家

位於國立近代美術館的龐畢度中心，是在所有巴黎名勝景點當中，入場者最多的地點。之所以會比艾菲爾鐵塔、凱旋門、羅浮宮美術館等各地聚集更多的人，絕非因爲它是觀光勝地，而是巴黎市民文化中心這項特色。

在如化學工廠的建築物前面的石板廣場上，經常可以看到好幾組音樂團體及街頭藝人相互競技。另外，在那裡也有許多肖像畫家併排架著畫框作畫。

聚集在這個斜坡廣場上的，大多都是年輕人，肖像畫家也大多數是年輕人，整排陳列的多爲插畫風格或連環漫畫風的抽象肖像畫。怪異漫畫及諷刺漫畫多是塗得烏漆抹黑的畫風。或許你不太喜歡臉被塗得黑鴉鴉的，但令人意外的，還是有許多人很樂意被畫成這樣呢！

連蒙馬特丘陵的帖特廣場也有許多畫家聚集。對巴黎來說，這裡特別像是「觀光地」。總是在這個廣場熱鬧營業的畫家，必須經過專業審查，獲得市政府的許可才

龐畢度中心前的肖像畫家。

能開張大吉。或許就因爲如此吧，這裡的肖像畫家以傳統的人物設計風爲主流。這個廣場共有五、六十位畫家，其中也有數名日本的畫家。

前幾天，在友人家遇到的也是其中一位。據他所說，日本觀光客在乎的不是畫得好不好的問題，而是沾了各色顏料的貝雷帽，鬍鬚、煙斗，這種所謂「巴黎畫家」的造型才是吸引日本觀光客選擇的條件。

他在觀光季節的營業額相當可觀。他苦笑著說，比起作品在個人展覽或畫廊販售，收入要好上許多。

帖特畫家廣場不單是肖像畫家，也可看到一些架著畫框、揮動著畫筆，展示販售自己作品的畫家。嗯……，也有值得讚賞的畫，但像「模仿風景明信片的巴黎風景、Hiro Yamagata風」畫家，以及「月曆風景照或是公共浴池畫風、羅亞爾城」的作品也很多。其中像是「黑紫色背景、極爲鮮豔的蝴蝶及花，再配上白色骷髏」，如此恐怖的作品也混入當中，也可看到打扮過時的老婆婆畫家。

藝術是隨個人的喜好，所以不管想畫什麼、想怎麼畫

帖特廣場上，瀰漫著一股油畫顏料的味道。

杜菲（Raoul Dufy）所畫的翁弗勒舊港，可看見架著畫框正在作畫的日本團體。岸邊則是同行的太太。

稍微年輕些（？）帖特廣場的肖像設計。

寫生聖母院的假日畫家。

散步途中的女士，與在連接西堤島及聖路易島的聖路易橋上寫生的畫家談天。寒冷清晨的光景。

用粉臘筆在馬路上臨摹百老匯巨星群像。讓路過觀賞的行人把小費投進帽子裡。

數天前是下雪的日子。

都可以，對因為喜愛而購買的人，當然我們也不便說些什麼。

除了街頭營業的畫家之外，在街角也經常看到寫生畫家的蹤影。在蒙馬特以尤特里羅及荻須高德為寫生畫家主要作畫的地點，而塞納河則是聖母院及藝術橋。

在巴黎的近郊，則有因梵谷而出名的奧維。米勒及盧梭的巴比松。南法的話，則有馬蒂斯及雷諾瓦的尼斯及卡納須梅，梵谷的亞爾近郊、塞尚的艾克斯翁普羅旺斯，像這樣只要前往著名畫家曾經繪畫過的地方，幾乎可以說，絕對能夠看到面對畫布的現代印象派畫家。

在諾曼第的翁弗勒舊港，可隨意使用各種色彩將近鄰避風港的老舊房舍的水中倒影呈現出來，就如同文字所敘述的景色。在岸邊，可以看到有幾位畫家正架著畫架作畫。走近一看，這些畫家全都是日本人。這就是所謂「名畫產地」巡禮。對於連藝術都採團體行動的我族同胞，不禁感到有點驚訝。

說到這裡，在我出生的地方，東京的石神井公園的池塘周圍，每逢星期日也會有許多畫家聚集。但是最近，

邊畫邊販售袖珍畫的人。

春天的巴嘉戴爾花園。

比起作畫的人，以野鳥爲目標的假日攝影師反而較多，而且所使用的多是超高級相機及超遠鏡頭……，怎麼會突然想起這件事呢？

但翁弗勒的畫家看起來總是那麼愉快，比起成群結隊地擠進高級名牌店，拿著雜誌按圖索驥參拜高級餐廳的旅行團，實在是健康太多了，我是這麼覺得……。

在羅浮宮及奧塞等美術館，可以看到臨摹名畫的畫家與學畫的學生。裡面有許多畫得不錯的人。

更讓人讚嘆不已的是，由老師帶來的孩子。不是走馬看花地逛完一圈，而是在當日主題作品前面坐下，仔細聽取美術館解說員的說明。即使說明的對象是小孩子，解說員卻一點也不馬虎。

跪坐在地上畫畫的孩子，趴在地上畫畫的孩子，雖然舉止及表現方法千奇百怪，但大家都是認眞的。

邊聽作品說明邊描繪的孩子。巴黎近郊的米克斯（Meaux）美術館。

小貓不見了

當沒有責任感的飼主搬家或外出旅行時，會有很多貓狗被棄養而成爲野貓、野狗。在被茂密樹林環繞的拉榭思神父墓園裡，有許多貓住在這裡，因此，可能會從倒塌老舊的墓碑旁，喵……突然出現一隻貓。

因重新開發而荒廢的柏西酒庫也是一樣，被遺留下來的野貓集團長期居住於此。每天都會有愛貓集團的成員，接替照料這裡的貓。隨著施工日期慢慢逼近，可以聽見有人一邊擔心「之前至少有三十隻以上喔，接下來會怎麼樣呢」，一邊繼續餵食食物及處理排泄物。現在很乾淨的柏西公園及倉庫舊址，不再看見貓的蹤影。

有些人家會在家門或大門掛上CHIEN MECHANT的牌子。尤其是郊外住宅區更常見。「Mechant」（不要使壞心眼）這個字，同時也具有咬人的涵義。換句話說，就是「小心惡犬」的意思。先不管是不是眞的會咬人，但嚇阻小偷侵入及推銷員推銷卻十分有效。最一般的就

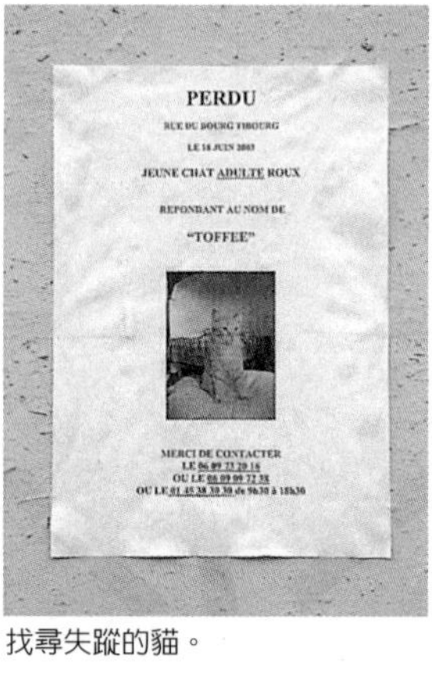

找尋失蹤的貓。

是CHIEN MECHANT及ATANTHION CHIEN（注意狗）類型，但也有其他比較特殊的種類。最近，較常看見的是附有彩色照片的「我在當班」，其他也有「反覆無常的狗」的類型。竟然也發現寫著「親切的狗」的牌子，眞不知是何用意。

經常可以在商店及咖啡店門口看到狗蹲坐著。是等待進入店內的主人回來的狗。米其林指南會在禁止狗進入的餐廳及飯店標明「狗的臉有橫線」的圖案。但能夠帶狗進入的地方滿多的。

被遺留在廢止酒倉內的野貓。

看起來沒那麼可怕「小心惡犬」。

使用這個塑膠袋來處理糞便。

能夠跟主人一起進到店裡的狗呢，當然二話不說立刻鑽進主人的桌子底下。然後，乖乖趴著睡覺。在Bistro就曾經不小心踏到一隻公狗的前腳。那隻牧羊犬「汪」慘叫一聲，但仍維持原來的姿勢。只是用略帶埋怨的眼神看著我跟牠的主人。

在法國，帶狗去散步必須要綁狗鍊的，但有些大型、看起來有點凶狠的狗卻還是沒有綁狗鍊就放任牠四處奔跑。飼主一臉不是帶狗散步的表情，老神在在依自己喜歡的速度散步。反倒是狗，邊觀察主人的步伐，一會兒走在前面、一會兒走在後頭，小心翼翼地跟著。

要是被路上其他小狗吸引的話，就會喊：「過來！」被嚴厲斥責。碰到這種情形，大多數的狗都是慌慌張張地跑回主人的身邊。就算在家看守時，會大聲狂吠，但是在散步時吠叫、呻吟的小狗卻幾乎不見。

散步的狗當然會痾便便。有些公園提供狗專用的廁所，但也有些公園卻全面禁止小狗進入。

畫在走道上的狗及箭頭的圖案，在今日提倡處理狗排泄物為飼主義務的巴黎，幾乎不再看見。這個圖案的設

南錫的「別在那裡痾便」標示。

磊阿勒商區的公園的狗廁所。

主人在吧台喝個小酒，狗則坐在樹蔭下休息。

計依每個城鎮的不同而有差別，但主要是表示「不要讓狗在走道及車道角落痾便便」的意思。從被埋設在有段差路面的自來水栓噴出強烈水柱，讓垃圾能夠流入下水道，這就是法國清潔馬路的方法。

巴黎十六萬隻以上的狗，要是把便便痾在走道上的話，每年大約會產生二十萬噸的便便。市政府爲解決糞便問題，決定先從飼主開始，實施在街頭設置處理糞便用的袋子、安排監視人員等對策。就算如此，偶爾還是會有人把狗的糞便留在步道不管，要是稍不留神的話，可能就會踩到黃金了。

前不久，還可以看到狗糞清潔專用摩托車，通稱「kakawasaki」四處遊走。kaka是糞便、而kawasaki是日本摩托車的意思。最近，比較活躍的是小型電動清潔車。就像一台用吸管將所有東西都吸入的大型電動吸塵器。吸得不乾淨的話，還是得依賴掃把……。

對了，在法國是用犬貓之間的關係來譬喻「犬猿關係」（水火不相容），換句話說，就是「犬貓關係」。想想，在法國好像沒有猴子喔！

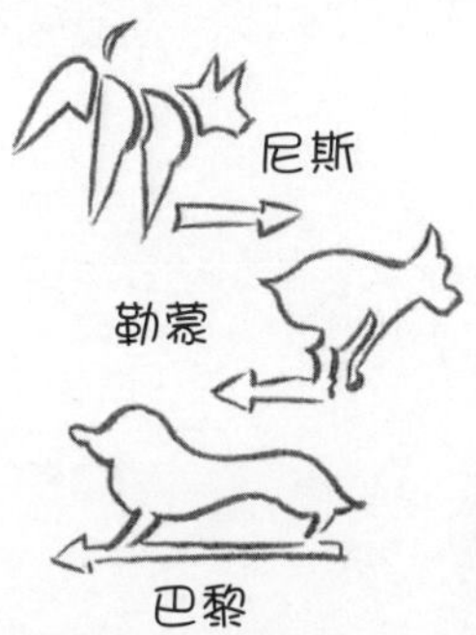
尼斯
勒蒙
巴黎
各地的「別在那裡痾便」標示。

Proprété de Paris
左手握方向盤，右手操控把手，將目標物吸個乾淨。
巴黎的電動步道清潔車。

某個酷夏的午後。科西嘉巴斯提亞的小巷內的貓。

巴黎郊外 Sanowan 丘的住宅街。有氣質的貓。

某個酷夏的午後，在伯維的死巷內的狗。

等待主人購物的狗，相當守規矩。法國的狗幾乎都不會亂叫。

時髦的男人

不管是衣服還是意見，都討厭、甚至是不屑跟別人一樣的法國人，就連上班族也隨心所欲、穿著自己想穿的服裝。西裝、白襯衫，再搭配上領帶的穿法，是只有業務人員及幹部等菁英分子才會有的穿著。在區公所及稅務署、郵局的職員，多以粗糙的毛衣裝扮爲民服務，連醫院的醫生也是蘇格蘭呢料的上衣，搭配牛仔褲。

觀察通勤電車內的人，也很難從他們的服裝穿著看出這個人的工作性質。而大多數的地下鐵列車長在執勤時，穿著打扮也都十分隨性。

不只是軍人及警察，當然也有些必須穿著制服工作的行業。在地下鐵，只有查票人員穿著整齊劃一的卡其色外套及上衣。穿著綠色連身工作服的街道清潔人員與收垃圾的人、消防人員、美術館及公園的守衛，大餐廳及咖啡館的侍者……。全都是在公共場合爲民服務的人，他們的職業要是能從穿著顯示與一般人的不同，工作時

不知道這個人的職業是什麼。

就會方便許多。

雖然算不上是制服，但在肉店工作的人多會穿白色衣服、橡膠長靴，而建築工地的石匠與泥水匠、油漆工等，大部分都會穿著靛藍色及灰色的連身工作服。以這身打扮去小酌一番、或是在午休時間坐在咖啡吧台，看起來就宛如一幅畫。

年輕人，特別是學生，男男女女都流行做 Levi's 牛仔褲搭配茄克衫這種不起眼的打扮。與被黑臉、褐色頭髮、美白搞得眼花撩亂，並且以女性及年輕人的時髦爲中心的日本相比，法國年輕人的流行眞的非常樸素。看起來有點不良的兄弟，則常以名牌運動服來裝扮自己。

在法國，反倒是一些中高年紀的大叔大嬸喜歡穿戴時髦漂亮。大嬸的裝扮，包括化妝都非常有自己的風格及看法，雖然經常會有讓人瞠目結舌的打扮，但大叔毫不做作的時髦穿著卻讓我相當佩服。

帽子、圍巾、領巾、襪子、鞋子，然後是上衣及外套、毛衣，樣式雖然都很一般，但顏色卻相當有品味。酒紅色、紅磚色、橙紅色、辣椒色、綠色系等，以具微

穿著藍色工作服，要去午休了。

男生、女生、學生的打扮都很樸素。

穿著漂亮的大哥。

紅色圍巾是無彩色的搭配重點。

把腳跨在沒人坐的椅子上。

請注意，與上衣搭配的鞋子。

看起來像是尚嘉賓。

深藍色貝雷帽很可愛。

毛衣與圍巾是相同顏色。

帽子及工作靴。

一般的大叔造型。

看起來頭腦很棒的樣子。

黑色皮夾克、黑色牛仔褲。白色襯衫與圍巾跟白頭髮、白鬍鬚很搭。

妙色差的同色系顏色來搭配這些顏色亮麗的夾克及外套，不刻意打扮。

以深藍色及灰色、黑色、褐色等較爲沉穩的顏色爲主，再點綴上別有特色的圍巾及領巾。這個時候，襪子的顏色也絕對要跟圍巾搭配。不知是偶然還是刻意的，有時連抱在腋下的包包及書都是同一個顏色。決定穿著是否漂亮的關鍵，並不在於是不是名牌，反倒是色彩的搭配，當然包括小道具在內。在顏色黯沉的石造街道上，點綴性的亮麗顏色更加突出。

時常可以看到留著壯觀鬍鬚，但卻禿頭的人。或許是這個原因吧，戴帽子的男人相當多。法國前總理密特朗便總是戴著帽子，戴著獵人帽及紳士帽的大叔也努力過日子。畫冊作家的堀內誠一所喜愛的布列塔尼的船長帽也常看到。

樸素的西裝外套搭配白色襯衫、領帶，這是日本上班族的制服。曾經聽說，有的日本公司特別規定員工要在星期五要穿便服。雖然相當明白公司希望員工能夠發揮創意的想法，但因爲不想太突兀，剛開始實行時，有許

戴各種帽子的男人。

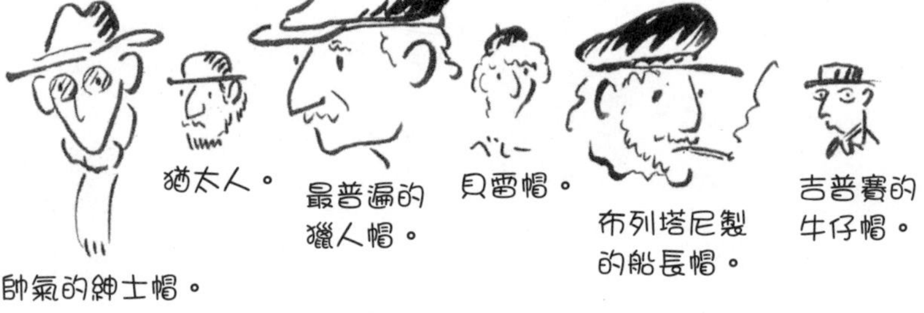
帥氣的紳士帽。
猶太人。
最普遍的獵人帽。
ベレー
貝雷帽。
布列塔尼製的船長帽。
吉普賽的牛仔帽。

多員工爲了該如何穿著而大傷腦筋呢！

但是，被批評爲溝鼠的日本男人，所穿著衣服的價格平均來說要比法國男人高。

而且，法國人的身高並不比盎格魯撒克遜系的人高，而且體型也大多比較具有親和力。大致上來說，現在覺得還滿有味道的明星，大概就只有尙雷諾了。在傑哈·菲利普及年輕時代的亞蘭德倫以後，英俊又體面的法國男星幾乎可以說完全沒有。

但，顏色豐富、用色技巧非常棒、能夠絲毫不做作地穿出自我風格以及走路的方式，卻讓法國大叔看起來很時髦、帥氣，雖然偶爾還是有點裝模作樣、令人討厭。

皺皺的帽子及上衣看起來很有味道。

獵人帽也是大叔的裝扮重點。

巴黎的異鄉人

在蒙馬特山丘下的巴爾貝斯（Barbes）一帶，是巴黎的阿拉伯街。以古特多爾街爲中心，四周全都是販賣耳環、胸針、金銀絲線刺繡的洋裝、蔓藤花紋的銀茶壺等手工藝品，以及馬格裏布音樂的錄音帶、綠色及粉紅色糖果的阿拉伯商店。四處飄散著烤羊及香料、薄荷茶的香味，三五成群的男人，無所事事地佇立在街角。

從這裡往應該算近的地下鐵紅堡站（Château Rouge）的方向走，就是到了非洲區。在生鮮食品專賣店林立的Dejean街，可以看到從未見過、顏色極爲鮮豔的魚，以及成堆的黑色香蕉、芋頭、秋葵。而穿著跟魚一樣色彩鮮豔的服裝的女性正在購物。

在跳蚤市場開市的週末，從地下鐵的終點站克里雍故城門區穿過外圍環狀

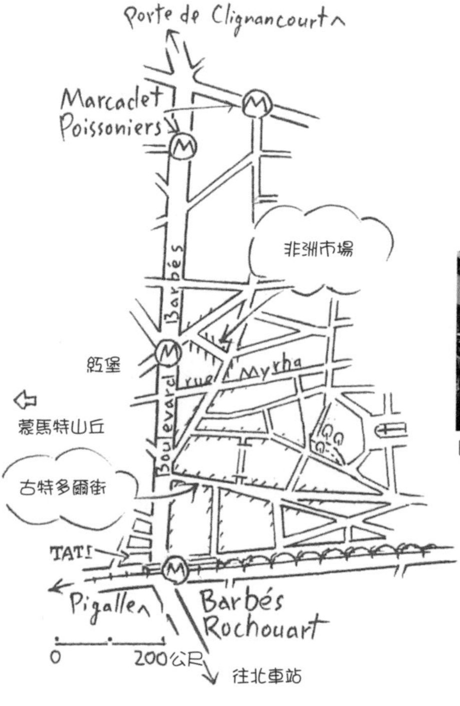

巴黎 18 區巴爾貝斯街。

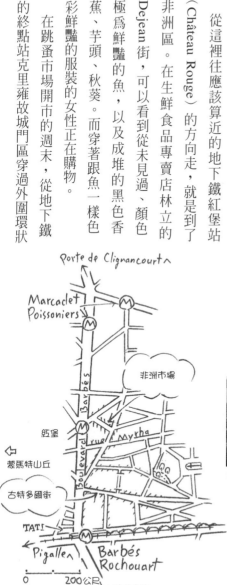

道路的防護線，在市場的前面並排著販賣便宜服裝及飾品、鞋子等的小攤販。或許人潮洶湧的程度令人驚訝，但讓人更說不出話來的，卻是那些人多采多姿的肌膚顏色。

東北部高地的伯維，自古以來就是亞美尼亞、土耳其的手工藝師傅，以及猶太人、阿拉伯人集中居住的地方。但從一九七〇年代開始，越南人跟中國人也逐漸增加，現在，幾乎成爲一條中國街。在同一時間，因進行重新開發而高樓大廈住宅區林立的13區施瓦西（Choisy），是條規模更大的中華街。當然，在此可以看到中國及越南、泰國餐廳，而在這個龐大的食品超市裡，能夠看到早市根本不可能有的白蘿蔔、新鮮白菜及豆芽菜，就連醬油、米醋、拉麵等日本食品，也比市中心的日本食品專賣店還要便宜。

瑪黑區則是猶太人街。在Passage Brady有許多印度人及巴基斯坦人所開的店。而在12區的空地搭設帳棚的則是傳統的吉普賽馬戲團。

與鄰近國家的土地緊緊相連的歐洲。從中世紀起，各

滿街是漢字的 13 區中華街。

非洲大嬸的街，Dejean 街道。

地的商人及製作布料、熟牛皮等的師傅來到以農業爲主的法國。自十九世紀以後，積極接受來自鄰近國家外國人的這股產業勞動力。到了二十世紀，外國勞動者組織性的移進法國，波蘭的勞動者前往北部地區、義大利的則前往洛林的製鐵廠。

第二次世界大戰之後，加勒比海的安地列斯群島、波利尼西亞及新喀里多尼亞島（Nouvelle-Caledonie）等，法國領海外國家的人民，還有就是殖民地的阿爾及利亞、突尼斯、摩洛哥的馬格裏布三國，以及塞內加爾及馬里等西非諸國、印度支那半島的人，皆以移民的方式，或者是法國人的身分遷移至法國。

法國憲法的前文中寫道：「當行動自由遭到迫害時，在法國共和國領土內，擁有受到庇護之權利。」法國革命之後一直讓許多政治逃犯及難命受到保護。

逃離革命的俄國人、受到Franco驅逐的西班牙人、從匈牙利動亂逃出的匈牙利人，然後是從社會主義時代的東歐，甚至是南美、中東、亞洲，只要是發生政變或內亂，法國便會無條件的接受遠離自己國家的人民。

AU PLANTEUR
AUCUNE SUCCURSALE
PLANTEUR
是殖民地的大農場主人。

遺留在磊阿勒旁的
十九世紀瓷磚看板。
這可以說是
殖民地主義的產物，
四處都可看見。

在二〇〇二年的總統大選中，提出移民帶來的威脅及必須要加以限制論調的極右政黨FN（國民戰線）領導人雷朋以超出社會黨Jospin首相的得票數，取得決選投票的資格。結果，多虧左翼票的幫助而由雅克希拉克贏得勝利。只不過，極右政黨也並非主張排斥異色人種的移民。聽說，這是學習日本的移民政策。換言之，日本與法國的極右政黨在這方面有相同的看法。完全不像是Sintaro知事等政治家作風的差別主義者，應該可以稱爲極端右派吧！

現在，法國的經濟蕭條使得失業率已逼近百分之十，以及犯罪頻率的增加等，使得不安的情緒越來越提高，移民政策也飽受攻擊。但是，在音樂、美術、流行時尚、電影、運動、學問、政治等領域，來自各國不同膚色的人卻能理所當然地共存。這個社會是不同人種的共同體，這是法國人根深蒂固的基本認知。不管是畢卡索、達利還是藤田，蒙田還是查爾斯．艾茲納沃爾，席丹還是Emile Henry，大家都是法國人。

伊斯蘭教是法國的第二大宗教。

盛裝打扮出門的猶太人家族。

當然，大部分的人還是以普通裝扮外出。

精神抖擻地在伯維的工商業集中地漫步的非洲人。鮮豔的民族服裝讓褐色肌膚更為突出。

Romanes
是吉普賽馬戲團。
演出者及家人
邊唱著歌……。

2

春夏秋冬四季觀察

移動遊樂園

到了三月底，便可發現巴黎的市內地下鐵車站貼出「大型郊外園遊會」（Foire du Trone）的海報。這是在過去號稱爲Trone（寶座）廣場，也就是今日的國家廣場通往凡仙森林的街道，從中世紀開始每年都會舉辦的市集活動。原本只是在復活節時，修道士販售修道院手工製作的香料蜜糖麵包的市集，但在十九世紀，卻發展成聚集了將近2,500家流動攤販的市集。

現在，這個大型市集遷往凡仙森林入口的寬闊草坪，型態也轉變成活動期間至二月分的大型移動遊樂園。

雖然現在沒有修道士販售的麵包，但還是可以看到燒烤辣味香腸的煙以及聞到可麗餅和披薩的香味。也有許多爆米花跟糖果類的小攤販。據說是法國人發明的棉花糖（爸爸的鬍鬚）及很像杏仁糖、顏色紅得恐怖的蘋果糖（pomme d'amour，意爲愛的蘋果）是最受歡迎的。

從大型摩天輪及雲霄飛車、魔毯等設施，傳出尖叫哀

會場中的草坪一直往池塘延伸。

噱聲，不管男女老少或情侶，都盡情享受。

現代化遊樂器材逐漸進駐於此，其他像過去就有的旋轉木馬、柔道對拳擊的比賽、世界最肥胖的女性、甚至是詭異的魔術節目也都有。日本也有這樣的表演節目，讓我回憶起兒時參加廟會的情景。

從羅浮宮美術館前一直延伸至協和廣場，杜樂麗公園的一角，偶爾也會出現運轉的巨型摩天輪。從遠處看

群衆愉快地享受遲來的春陽。

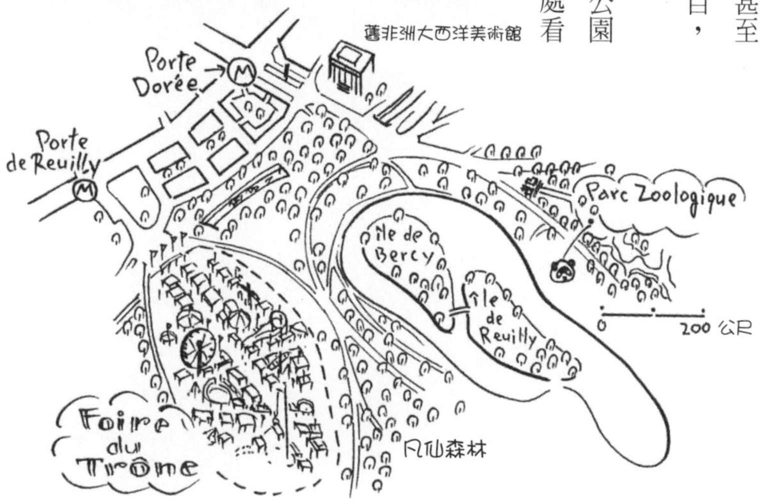
舊非洲大西洋美術館
Porte Dorée
Porte de Reuilly
Parc Zoologique
île de Bercy
île de Reuilly
0
200 公尺
Foire du Trône
凡仙森林

去，在上面似乎能夠很悠閒地觀賞晴朗的天空。

一旦學校進入暑假或聖誕節的長期休假，除了這個摩天輪外，巴黎市中心也會出現集合水瀑布、八爪章魚、雲霄飛車等設施的移動遊樂園。同時還有鬼屋、鏡子迷宮、抓娃娃、空氣槍射擊及電動遊戲。

曾經因小孩的吵鬧，心不甘情不願坐上這個摩天輪。讓客人依照順序坐進車廂，短暫停止後突然又開始運轉。啓動的速度相當快。而且不停搖晃、轉動的圓形車廂並沒有任何預防掉落的裝置。我家兒子探出身體、死命地搖晃著車廂。隱約看到的蒙馬特山丘及艾菲爾鐵塔，似乎正隨風四處飄動。原本就很討厭坐這類型遊樂器材的我，即便是在日本的遊樂園，也是不斷跟自己說，有安全設備絕對沒問題，然後才敢坐上去。

跟連海岸展望台都會安裝堅固欄杆保護，且一定會有警告標語的日本不同，「想要摔下去的人，請便」才是法國人的作風。

巴黎各地都有移動遊樂園。有的是在街角小廣場，只有旋轉木馬及點心鋪的小型遊樂園。在各地舉辦，稱爲

於一九〇〇年萬國博覽會
登場的棉花糖。

Fete（節慶）及Foire（園遊會）的廟會及定期市集也可看到移動遊樂園的蹤影。

位於巴黎12區的柏西重新開發地區的廢棄大型酒倉，集合了曾經活躍於移動遊樂園的老舊遊樂設施及各種小道具，成立了Le Musée des Arts Forain。

不知什麼原因，平常如果不是團體預約的話，是無法進入參觀的。展示的物件以法國爲主，也包括德國及英國製造十九世紀以後的各種遊樂設備，在角落的小屋內，也陳列一些經過化妝的面具、腦蛋白質切除手術、帝王切開、畸形等，各種看了讓人想吐的展示模型。不管是華麗的旋轉木馬，還是以猛烈速度啓動的旋轉腳踏車，都有身穿黑色襯衫、繫著白色領巾，彷彿就像旅遊行家的大叔講解，是個懷舊博物館。

在法國，約有三萬人是在移動遊樂園工作的，目前仍然是一個接著一個，在各個城鎮巡迴舉辦。跟位於巴黎郊外，因入園人數不夠而收入出現赤字的歐洲迪士尼樂園不同，樸實的移動遊樂園的大型郊外園遊會，每年至少會吸引五百萬人的參觀人潮。

投幣式的美麗占卜師。

杜樂麗公園的鬼屋。

在杜樂麗公園舉辦的移動遊樂園的摩天輪。可以看見巴黎景色，但卻以相當驚人的速度運轉。

告訴巴黎市民春天已到的大型郊外園遊會。

杜樂麗公園的旋轉木馬。不對！應該說是旋轉塑膠虎。

常去的咖啡店

前往郊外電車車站的馬路轉角，有間小小的咖啡店。似乎只有老顧客聚集在吧台，讓人產生敬而遠之的感覺。雖然如此，送小朋友上學時，或從巴黎回家途中，偶爾還是會進去坐坐。起初，或許是想太多了吧，總覺得這是間連點餐都不好好點、給人印象相當差的咖啡店。

但打過幾次招呼之後，不知從何時開始，我也成爲這家店的熟客之一。找位子坐下之後，就算不開口點餐，也會幫你端來咖啡。要是幾天不去光顧，就像是丟掉了什麼東西一樣。

由外型很像尙嘉賓的老闆，以及體型小巧且皮膚黝黑的老闆娘所經營的這家店，屬於典型的法國咖啡店。在店內一角，也販賣著香菸及彩券（LOTO）、馬券。用稱爲鋅的閃亮鍍鋅薄鐵板作成的吧台，大概可以容納十位客人。餐桌區也只坐得下三十人就客滿了。到了春

經常去的安東尼咖啡店。

天，陽光出現時，會把桌子及椅子搬到前面的人行步道上，這就是戶外露台座位了。

早上七點開店，上班前的業務員及附近商店街的人們坐在吧台喝著咖啡。而一大早就喝啤酒的，大部分是退休的老人或是失業的人。到了中午，在區公所及圖書館工作的人會到這裡享用套餐。傍晚左右，下班的人會在回家途中來這裡喝一杯小酒。住宅區的夜晚很早，大約七點半，夕陽還很明亮，大部分的店家就關門了。

雖然有輪班的兩位侍者，及協助香菸販賣的年輕、可愛小姐，但咖啡店老闆一整天幾乎還是沒時間休息。雖然有人說法國人生性懶散，但像這些在現場工作的人，以及菁英分子卻如超人般辛勤工作。不過，老闆會在下午空閒的時候，跟朋友在前面小廣場玩滾球遊戲……。

在巴黎，跟朋友見面是一定要到咖啡店坐坐，就算獨自一人也是。但通常不會去 Deux Magots 跟 Caff de La Peix 這些有名的咖啡店。理由十分單純，因爲價錢太貴了。不需要太有名，只要是面對大道或大廣場、店面稍微氣派一些的咖啡店，消費也相當高。而且咖啡不熱、

巴黎典型的一般咖啡店。

Deux Magots室內座位較好。

車輛無法進入的磊阿勒的寬敞露天咖啡座。

工作時在吧台短暫的休息。

夏季的露天咖啡座，直到深夜都還很熱鬧。

黃銅吧台。大多會有好幾種啤酒。

勃艮地、歐塞荷的露天咖啡座。

布列塔尼、漢恩的舊街道。

Butte Caille 工商業區的咖啡店。

林蔭下的露天咖啡座是觀察路過行人的貴賓席。也是路過行人觀賞的舞台。

也可作為用功的地方。

服務周到的咖啡店也是氣氛佳的讀書室。

服務又差，與其這樣，倒不如去Deux Magots或Flore比較划算。所以說啦，我會選擇不怎麼起眼，但在細節上卻仔細周到的咖啡店。

在巴黎，一杯咖啡通常是2歐元，如果是坐在吧台的話，就大概是1歐元。跟咖啡及啤酒的價格相比，不知爲何，可樂及果汁類的價格就高出許多。但自從歐盟成立之後，連咖啡的價格都明顯抬高了。

巴黎的咖啡店大部分會在步道上搭建半永久性的玻璃帷幕。在昏暗且冷颼颼的法國冬天，這些用玻璃帷幕圍起的露天咖啡座會放置電暖爐。

春天一到，將玻璃帷幕打開、再把椅子及桌子排放在能夠欣賞人來人往的街道旁。面對廣場的店家，會搬出比店內更多的椅子，如果陽光太強就撐起大型陽傘遮陽。除了吧台的熟客之外，大多數的人比較喜歡露天咖啡座，即便是在隨處可聞到汽車廢氣的馬路旁，也能夠開開心心地談天。

跟啤酒屋意思相同的法式小酒館，也是兼賣咖啡的餐廳。原本只提供與啤酒很搭的阿爾卑斯醃酸菜，現在也

天冷時，會開電暖爐。

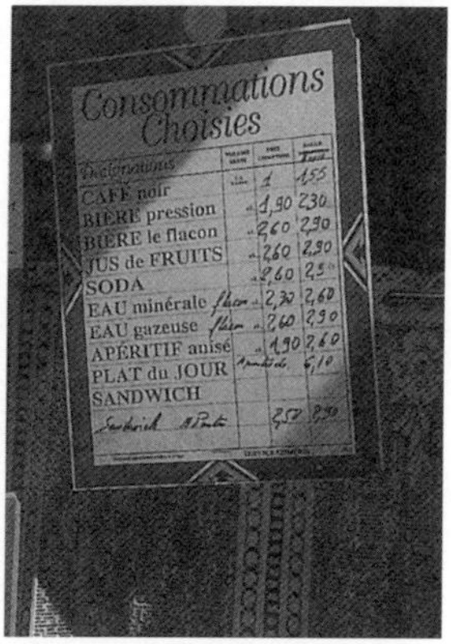

Consommations Choisies

Désignations		
CAFÉ noir	1	1,55
BIÈRE pression	1,90	2,30
BIÈRE le flacon	2,60	2,90
JUS de FRUITS	2,60	2,90
SODA	2,60	2,5
EAU minérale flacon	2,30	2,60
EAU gazeuse flacon	2,60	2,90
APÉRITIF anisé	1,90	2,60
PLAT du JOUR		5,10
SANDWICH		
Sandwich	2,50	2,90

價格表。吧台座位比較便宜。

開始供應一般的法式料理。可以看到有些店會將剝好的牡蠣擺在店面的，那麼它們大多是餐廳。

外觀跟咖啡店沒什麼差別，但在BAR卻可以品嘗到店家選自各地的葡萄酒。餐點多是鄉村麵包夾乳酪、臘腸或火腿類。這與日本高級咖啡店不同，氣氛有點像小酒館。

將新藝術的內部裝潢原封不動保存下來的咖啡店、設置馬券賣場及有轉播賽馬的咖啡店、鄰居經常逗留的咖啡店、幾乎沒有人光顧的咖啡店……。實在很難想像沒有咖啡店的巴黎會是什麼樣，在法國，不管是多麼偏遠的村落，在村落中心至少會有一間咖啡店。

巴黎的咖啡店曾經是政治及文化運動的中心。現在這樣的咖啡店雖然已經消失，但咖啡店仍然是不同職業及立場不同的人們，談論社會及政治、運動話題、交換日常生活情報的地方，當然更重要的是，咖啡店也是讓人發呆的場所，可見咖啡店已完全融入法國人的生活。

小費通常是找剩的零錢。

無所事事的假期生活

定居法國的第一個暑假，接受友人佐藤先生的邀請，一起到布列東的農村租了三個月的房子，享受生活。那時佐籐先生已經在巴黎定居二十年（現在已三十五年）了，有位英國出身的太太及兩個小孩。

在法國，布列東可說是最偏遠的農村。因爲必須乘坐特快車，花六個鐘頭才會到布黑斯特，然後還得轉乘一個小時的巴士才能抵達。

四周圍繞著農田的村落裡，各有一家麵包店及肉鋪，另外雜貨店、小型超市及咖啡店也各有一家，然後就是一間夏天會休息（！）的餐廳。較爲顯著的建築物大概就只有教堂、政府機關及小學了。聽完從農民退休，現在住在布黑斯特的房東介紹廚房器材、餐具、寢具等設備之後，接過鑰匙就可以了。屋後的農地種植許多四季豆，所以可以「吃到飽」。

別怪我自誇有當農民的天分，但現摘的四季豆眞的很

這是在布列東所租的房子。

白色房屋是布列東唯一的咖啡店。

好吃。八個人的團體生活相當有趣，但是沒有洗衣機，又得輪流準備料理眞的很不容易。一用完早餐，就得馬上洗衣服及買東西。根據每樣菜餚料理的方式不同，有時還得做好烹調前的準備。幸好，佐藤先生是高湯料理的達人，而我家老婆也喜歡料理，所以每天都可以吃到美味佳餚。

法國人在放暑假的時候，上午是不做任何事情的。悠

在海邊舉辦的凱爾特式相撲的國際大賽。

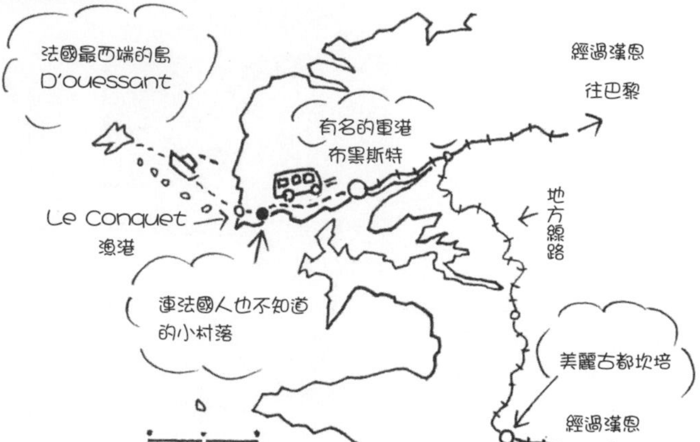
法國最西端的島
D'ouessant
有名的軍港
布黑斯特
經過漢恩
往巴黎
Le Conquet
漁港
地方線路
連法國人也不知道的小村落
美麗古都坎培
經過漢恩
往巴黎
0 10 20 公里

閒地吃完午餐，三點過後才到海邊晃晃。大西洋的海水相當清澈，但冰得嚇人，最多只能泡五分鐘。大人多半不會去玩海水，而是躺在岸邊盡情享受日光浴。女性則不論年齡或身材，都會大方地裸露胸部，悠閒地躺著。

大多數的小孩，一大早就被寄放在海邊的托兒所。雖然說是托兒所，卻是一些輔導員哥哥、姐姐教游泳或是帶遊戲，讓小孩盡情遊樂，這絕對比跟著只會慵懶睡覺的父母要有趣得多。

學校的暑假是從六月底到九月初爲止。以放暑假的孩子爲招收對象，稱爲Colonie de Vacances的長期林間學校或臨海學校相當多。幾乎都是由城鎮或學校所主辦的，讓小孩子在父母親工作的這幾個星期能夠在Colonie度過。爲了沒去Colonie的小孩，每個城鎮都設有稱爲Centre Loisir的公營設施，孩子每天都可以寄放在這裡。安排的活動包括繪畫、話劇、舞蹈，有時也會到遊樂園或美術館做戶外教學。在夏天，法國四處都可看到這樣一群群的孩子。

除了暑假，法國學校的假期眞的很多。小學在每星期

用餐、聊天到傍晚為止。

海邊的托兒所。

三都會休息，而長期休假則有從聖誕節到新年的耶誕假期、二月分的寒假、四月分的復活節，以及秋天的萬聖節，幾乎每隔一個月就有一到兩個星期的休假。

大人畢竟不能休這麼多的假，但在法國，人民卻賦予每週的工作時數在三十五小時以下，以及每年有五個星期有薪假的義務，就連總統及首相在八月分也有假期。

特別令人期待的是暑假的「黃金假期」，大部分的人從好幾個月以前就開始計畫、預約。從春天開始，「黃金假期要怎麼過啊？」成爲打招呼的方式，讓緊要關頭才開始計畫的我們家來說，眞的是備感威脅。

某個夏天接受攝影家辻先生一家的邀請，到南法貝基耶近郊度過了兩個星期。這是一棟蓋在比布列東農村更偏僻的農地上的獨棟房子，一定需要車子代步。從這裡開車到海邊，到貝基耶的城鎮買東西。順便到附近的教堂及美術館等名勝參觀。

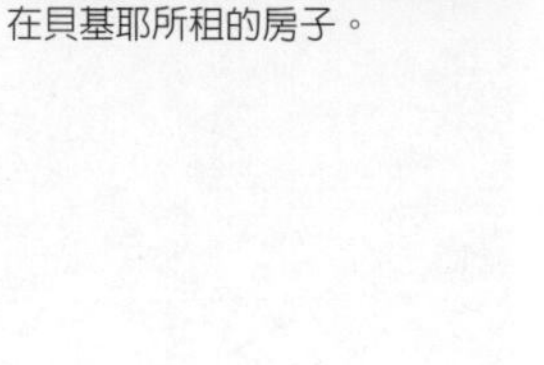

在貝基耶所租的房子。

海邊 Colonie de Vacances 的孩子。

為了省錢，有許多家庭住在露營車。

貝基耶的南方運河水門。運河之旅很受歡迎。

偶爾才會下水游泳。其餘都是在帆布躺椅上度過。

岩場較多的西班牙國界附近的海岸。地中海這段沿岸，幾乎沒什麼人。

汽車之旅、科西嘉鐵路

巴黎南部郊外的安東尼及沙特奈馬拉布里市郊，有片寬廣的帶狀公園。平緩的坡度上，種植了樹林及花草，設置有草坪運動場、孩子的遊戲場、散步步道及自行車道等。

一直延伸至巴黎附近的帶狀公園，其實是作爲新幹線TGV高速列車（大西洋線）線路覆蓋物而蓋建的。

從巴黎蒙帕那斯車站出發的TGV列車，駛離巴黎之後，便立即進入這個公園隧道，然後在抵達安東尼之前，鑽出地面。但即便是這麼長的隧道，也只需要數分鐘就能通過。

SNCF（法國國鐵）引以爲豪的TGV，連接了巴黎與各地方都市，行駛路線的範圍也逐漸拓展開來。從巴黎開往距離八百公里左右之遠的馬賽，也只需要三個小時。如果考慮往返機場及等待的時間，乘坐TGV可能比較快。尚未設置專用軌道的城鎮，也可藉由原有線

歐洲之星。

TGV 高速列車。

路來延伸行駛範圍。在原有路線區間內，時速無法高達三百公里，所以必須跟普通快速列車保持相同的速度。只有車廂及費用與TGV一樣……。連結巴黎和倫敦之間的歐洲之星也是相同的情形，在英國境內的線路仍使用原來的，法國方面則爲了行駛的速度應該可以再快一些而煩惱。在二〇〇三年的秋天，專用軌道完成後，行駛時間從原本的三個小時縮短至兩小時三十五分。

TGV的確相當舒適、便利，但與日本新幹線一樣，因行駛速度太快而無法打開窗戶，難得的美麗景色卻變得抽象，感覺像在看電視螢光幕。

每逢假期，喜歡到法國各地的美麗小城鎮、歷史悠久的都市旅遊，半帶著工作的心情出遊的我，還是覺得普通的列車之旅比較有趣。

從巴黎六個車站中的任一個出發，列車行駛十五分鐘之後，便可看見窗外充滿綠意的景色。平緩起伏的山丘、鮮亮的樹叢、以小教堂的高塔爲中心的山谷村落、街道兩旁的樹木，還有悠閒吃草的羊群、牛群。

看到那一望無際的麥田及油菜花田、勃艮地及西南地

窗外一片廣闊的向日葵花田。

綠色勃艮地、歐坦附近的風景。

從科西嘉的巴斯提亞港出航的義大利聯絡船。

隆德地方的古老溫泉地達克斯車站。

受到岩石要塞保護的科西嘉城鎮。

TOYOTA工廠所在地的瓦依車站。

科西嘉的獨立派塗鴉非常多。

歐梵涅地方的奧雷雅克農田地裡的小小車站。

陽光普照的阿嘉丘街道。

在較大車站的月台上，標示著火車資訊。

科西嘉鐵路縱貫莫泊桑所形容「漂浮於海中之山」的地中海美麗島嶼——科西嘉島。

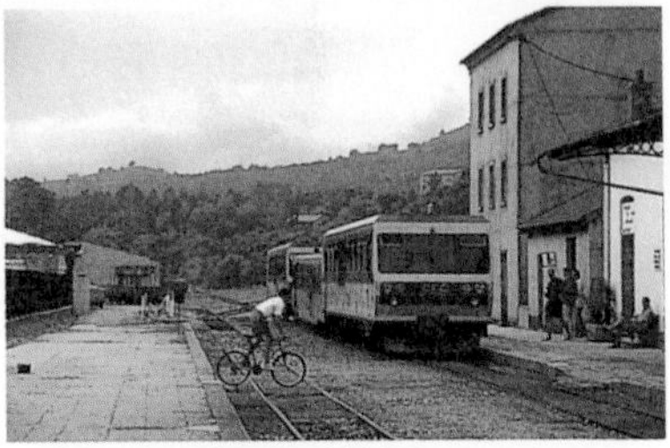

停在科西嘉車站的舊型車廂。

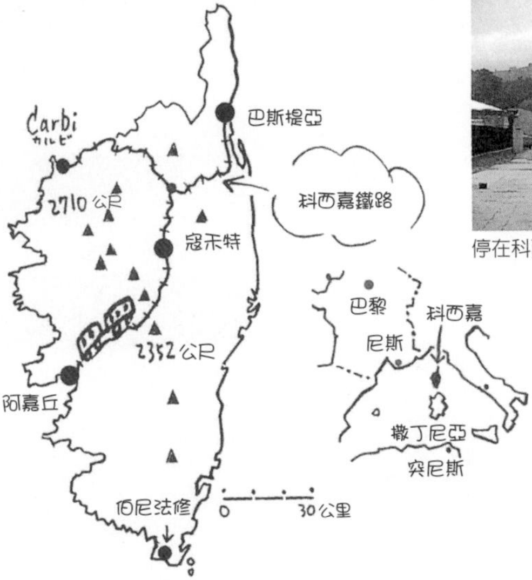

方的葡萄園、歐梵涅及普羅旺斯地方的向日葵田等時，深深感受到花費這麼多工夫在耕種農作物的農業大國，法國的無限潛力。

總之，比日本大一點五倍的國土當中，大部分的土地都是可以耕種的，食材輸出數量要比輸入高出許多，眞是令人羨慕的國家。

從車窗看出去的天空是如此寬廣。從雲端間流瀉的陽光，宛如從宗教繪畫〈天使梯子〉所看到的。搭乘列車在法國境內走透透，眼前盡是一些風和日麗的景色，但其中也有例外的，就是阿爾卑斯山及庇里牛斯山，還有地中海上的科西嘉島。

縱貫科西嘉島的科西嘉鐵路，以單線柴油火車將島西南的海港阿嘉丘、東北的巴斯提亞、然後是西北的卡勒維這三個海岸都市串聯起來。大部分的路線是位在島中央海拔2,700公尺的山中。從阿嘉丘到巴斯提亞，列車行駛這158公里的距離，需花費四個鐘頭。

在拿破崙誕生之地，阿嘉丘的港口可以看見來自尼斯及馬賽的船隻。

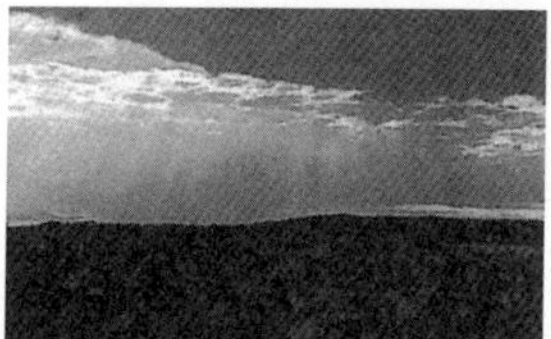

從雲端伸出的「天使梯子」……。

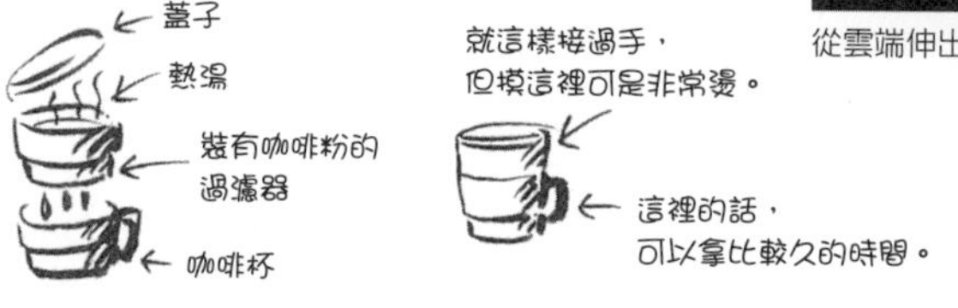
蓋子
熱湯
裝有咖啡粉的
過濾器
咖啡杯
就這樣接過手，
但摸這裡可是非常燙。
這裡的話，
可以拿比較久的時間。

SNCF車內所販售的咖啡

從擁有靛藍色海邊、茂密棕櫚林的城鎮駛出的火車，穿過科西嘉獨有的羅漢松灌木林，喘著氣、奮力地在險峻的山路行駛。在陡坡上野生（？）的山羊群，正愉快遊玩。坐在列車駕駛座旁的，是一個像似列車掌兒子的男孩，神色緊張端坐著，認真觀摩父親駕駛的模樣。

十八世紀，帕歐里前往獨立國科西嘉的首都，山中要塞都市的寇禾特住了一個晚上。科西嘉現在仍繼續進行著獨立運動，希望能向法國爭取獨立，偶爾甚至會發生槍擊恐怖事件。尤其是科西嘉的獨立派系相當多，在街道上行走，可以感受到在法國不會有的，像是在看可疑人物的奇怪眼光。

科西嘉人有點不親切。但如果談得融洽的話，就可發覺他們很樸實、很溫和。而且這裡的水質、空氣、特產的火腿及山羊乳酪都格外的美味。從科西嘉往下走，朝終點站巴斯提亞前進。

將熱內亞共和國統治時期的風貌完整保存下來的要塞及港口，現在仍可嗅出義大利的氣息。在巴斯提亞港口，也可看到熱內亞及比薩的船隻停泊於此。

十一至十三世紀，科西嘉受到比薩的占領。

科西嘉鐵路的列車掌父子。

背負悲慘歷史的中世紀城堡

在羅瓦河及其支流的岸邊，香博堡、雪儂梭堡、阿澤勒伊多堡等，文藝復興時期的豪華城堡緊密併排在一起，成爲法國主要的觀光勝地。文藝復興時期的羅瓦城及凡爾賽宮、楓丹白露宮等宮殿，給人一種燦爛奪目、美輪美奐的宮廷及貴族的豪華大宅第的印象。相對的，同樣都是王宮、城堡，但中世紀的城堡卻以戰事、防衛功能爲主，因此也稱爲城堡要塞。

在羅瓦地方，洛許城便屬於這類型的城堡要塞，聳立於高地的高塔（瞭望台）是十一至十三世紀所蓋建，作爲軍事用途的箱型碉堡。經過百年戰爭之後，建築內部早已斑駁、崩壞。這類中世紀城堡，在法國隨處可見。

幾乎是位於法國中心，歐梵涅北部的城鄉 Bourbon L'Archambault 是波旁發跡的地方。能夠俯瞰溫泉城鄉的山丘之城，是第二代波旁公爵於十四世紀所建造的，曾經是擁有十五座高塔的偉大建築物。

洛許城的高塔。

因革命而遭受到無情的破壞，而在僅剩的三座高塔內部，將中世紀城堡要塞的情景重新呈現。波旁公爵的寢室內，有家族全員曾經睡過，二十榻榻米的床鋪。過去士兵所使用稻草床的四周全是令人膽顫心跳的武器。從提煉草藥的房間到文書室、有大型炊煮用暖爐的廚房……。但不管是哪間房間都昏昏暗暗的，在城堡裡的生

Bourbon L'Archambault 城。

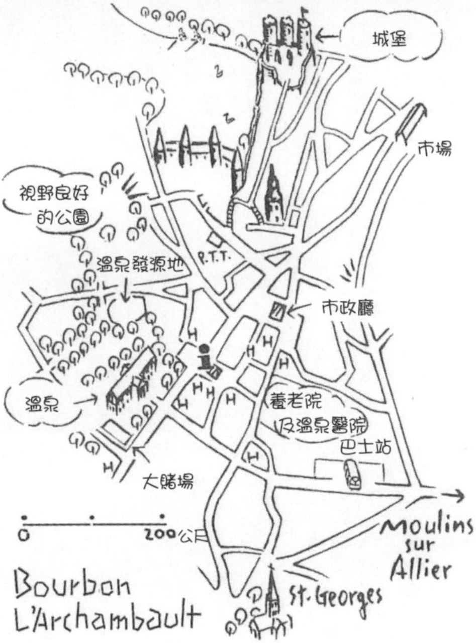
城堡
市場
視野良好
的公園
P.T.T.
溫泉發源地
市政廳
溫泉
養老院
及溫泉醫院
巴士站
大賭場
0
200公尺
Moulins
sur
Allier
St. Georges
Bourbon
L'Archambault

活，怎麼看都不會太舒服吧！

從靠近西班牙國境的沛皮尼翁往西北走約三十公里。在南方的強烈太陽底下，遍布著葡萄園及灌木荒地的畢耶禾丘陵上，就像突然擋在眼前，聳立著岩石峭壁。建蓋在這險峻山頭的 Peyrepertuse 城，是這個區域的中心城堡要塞都市卡荷喀松的前哨城堡。

位於陡峭山坡上的城堡，分成上下兩個部分。攀登到上面的碉堡，可一眼望盡在葡萄園更遙遠處的地中海。從下面城堡被破壞的牆壁，可以感受到戰爭的恐怖歷史。在灼熱的太陽之下，邊喘著氣、毫不留情直冒的汗水，看到眼前的景色，卻又突然平靜了下來。

十二世紀末到十三世紀，從圖勒、庇里牛斯山，一直到地中海的 Languedoc Roussillon 地方，在領導這個地區對抗法王的圖勒伯保護之下，成爲以個別教義傳教的純淨教派根據地。因否認西方教會的聖典儀式、背叛羅馬教廷，造成羅馬教皇對他們提出邪說宣言，並且三次派遣 Albigeois 十字軍，以徹底消滅爲目的，破壞並且虐殺信眾。

法國北部斯坦城的狙擊手。

附近也有幾個碉堡被破壞得面目全非，而唯有佇立於斷崖峭壁的Peyrepertuse城，因攻城不易、抵禦敵人至最後一個時刻。一定是因爲身穿鐵甲戰袍、手拿武器根本不可能攀登。

但是，隨著圖勒伯的戰敗，這個城堡也跟著淪陷，純淨教派的人爲了純淨教派的承繼，將全城民眾斬草除根、連嬰兒都不放過，不論男女老少皆逃不過殺戮。

位於巴黎西北塞納河畔的路修尚城也是十三世紀，建蓋於山岩的城堡要塞。通往防備諾曼第攻擊所架設高塔的階梯，是鑿通岩石開闢而成的。位於山腳下十七世紀的城堡，在建物後側也有岩石山窟，在第二次世界大戰納粹占領期間，隆美爾將此處作爲火藥庫。

提到遭受破壞的城跡，南法普羅旺斯的雷博德也是其中之一。自十二世紀以來，經過多次的戰事摧殘，不斷被破壞再修建的這個城堡，在十七世紀初，因經常違背國王意思，而讓這塊領地變得相當棘手的黎希留樞機主教，藉著住民的雙手將它破壞得更加徹底。

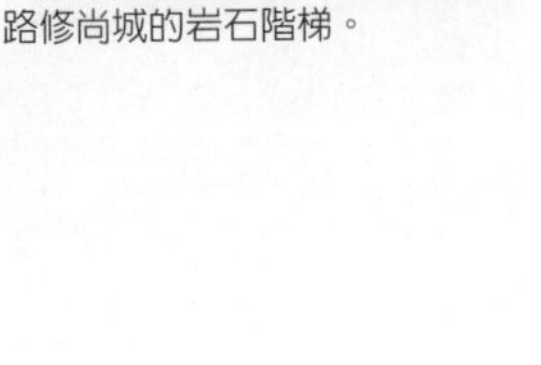

路修尚城的岩石階梯。

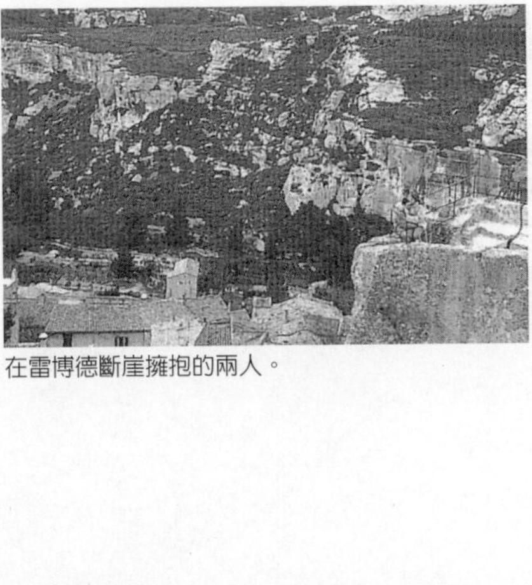

在雷博德斷崖擁抱的兩人。

位於險峻山崖上的 Peyrepertuse 城。遭到純淨教派的殺戮，無一倖免。

羅馬教會的奇妙雕刻

遍布著美麗森林及葡萄園的勃艮地，是法國土地最肥沃的區域。在這片綠意盎然的山丘上，有個遺留著成排十二世紀建築物的村落——維熱雷。雖然只是五百人出頭的小型村落，但瑪德蓮教堂卻是法國所有羅馬式建築物當中，最爲典雅優美的。尤其是從前室（前廳）進入堂內的拱形入口處上方（頂飾），描繪著耶穌及信徒的浮雕，是羅馬式雕刻中的傑作，十分有名。

法語中的 romanesque，具有如小說般、奇妙的意思，而羅馬樣式則稱爲 romane。姑且不論其意義爲何，羅馬式教堂在十一世紀至十二世紀這段期間，以法國爲中心在歐洲各地大肆興建。原本仍相當混亂的歐洲，將來自北方及東方的外敵擊退後，法國王朝才得以安定，從十世紀末開始，都市及農村皆恢復到原來平靜的生活。伴隨而來的，便是各地開始興建教會。

特別是，當以嚴格戒律爲基礎、開始進行傳教活動的

維熱雷大教堂的前廳。

克呂尼修道院擁有強大力量，以及前往西班牙東部的聖地，聖地牙哥德孔波斯特拉朝聖的風潮開始流行之後，以朝聖路徑沿途的城鎮及村落爲中心，興起教會建築風。也就因爲如此，克呂尼修道院所位在的勃艮地及鄰近的歐梵涅地方，可以看到許多羅馬式教堂的代表。

原本木造的天花板，卻因半圓拱形構造讓石造的天花板變成可能。羅馬式教堂建築的牆壁厚度，可以支撐住

從大教堂俯瞰的歐坦街道。

歐梵涅小村落的歐托利伊薩魯教堂。

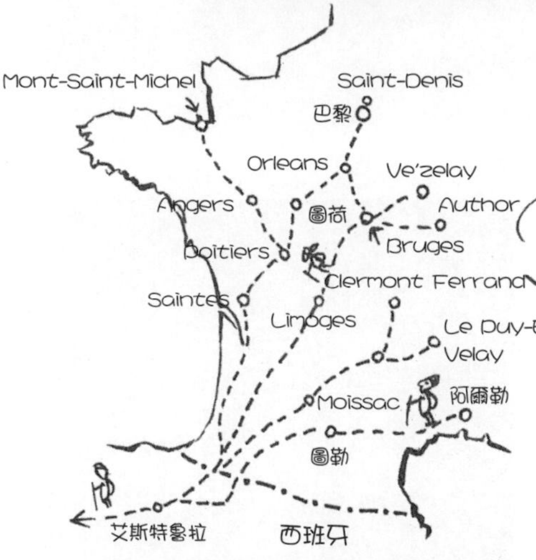
Mont-Saint-Michel
Saint-Denis
巴黎
Orleans
Ve'zelay
Angers
圖荷
Author
Bruges
Poitiers
Clermont Ferrand
Saintes
Limoges
Le Puy-En-Velay
Moissac
阿爾勒
圖勒
艾斯特魯拉
西班牙

聖地牙哥德孔波斯特拉巡禮路

在歐坦大教堂門口，
十二世紀的朝聖者像。
干貝
法語是 coquille Saint-Jacques
前往耶路撒冷
前往聖地牙哥德孔波斯特拉

歐梵涅地方 Meiller 村的聖居里安教堂，柱頭有演奏豎琴的驢。

阿爾勒、St-Trophime 教堂的迴廊。

Meiller 村的教堂也可看到引人發笑的馬。

從歐雷翁，沿著羅瓦河上游的村落聖貝諾瓦。本篤會派的修道院教堂的聖母子像。

庇里牛斯山的 Saint Michel de Cuxa 迴廊的怪物。

勃艮地突禾努教堂的植物圖樣。

沉重的石頭圓形屋頂。而且不像之後的哥德式建築，在開口部分鑲嵌上大型彩繪玻璃，所以，羅馬式教堂的內部空間較爲昏暗。不過，進入裡面，等眼睛適應了光線之後，從小窗穿透過來的少許光線，以及祭壇上的微弱燭光，可以稍微看清裡面的細部陳設。

支撐拱門的圓形支柱的上方，可以看到各式各樣的浮雕。這種柱頭雕刻相當有趣。不只是出現於聖經的情景，特別以葡萄及玫瑰、長春藤等花草圖樣，以及鋤草、收割、壓擠葡萄、飼養豬隻等，象徵四季的日常工作爲最多。

將神所創造世界的美妙之處告訴一些不識字的人，又或者是教導道德觀念的圖解繪畫。獅子及像似大象的動物、奇人及惡魔等，許多奇特的人物一一登場，就像是畢卡索及赤塚不二夫的混合體。

這些附隨於建築構造的雕刻，在有限的空間中自由變形，且同時具有原始雕刻般的純眞以及現代美術般的自由想像力。即便是出現在聖經裡的人物，也以跟實際比例無關的姿態呈現，樸實且帶有些許的幽默。

位於高85公尺岩壁上的教堂，
高峰上的St-Michel d'Aiguilh。

柱頭上有奇怪的獅子（？）

從普羅旺斯到庇里牛斯山深處，在法國各地皆可看見具有各地獨特色彩的羅馬式教堂。以大理石建造亞爾的St-Trophime聖堂，就像是留有許多羅馬遺跡的城鎮，受到羅馬建築相當大的影響，在庇里牛斯山南部的峽谷，隱藏著一些像是St-Michel de Cuxa、加泰隆尼亞羅馬式建築的教堂。

小村莊的、即便現在已沒有常駐牧師的小型教堂，也可找到不輸給維熱雷的雕刻。

在歐梵涅北部、小村莊Meiller的教會入口處牆壁，以及為了蒐集作家須賀敦子相關資料，前往探訪的羅瓦河岸聖貝諾瓦村時，在教堂入口處的粗圓柱上，看見能讓人開心的有趣雕刻。通常，必須在昏暗的光線中抬頭觀賞高聳的柱頭，但這裡卻可藉著明亮的光線逐一觀賞。就好像發現了意想不到的寶物。

如果說巴黎、夏特、盧昂、漢斯、史特拉斯堡等，壯麗的哥德式大教堂是管絃樂的大交響曲，那麼地方的樸素的羅馬式教堂，則是室內樂的小品，讓聽者覺得非常舒服。

塔哈斯孔的受胎告知，手特別大。

踏遍秋天的落葉吧

賈克普維的〈枯葉〉這篇詩，由皮雅芙及蒙當（Yves Montand）演唱，在日本相當受歡迎。阿波里奈爾（Apollinaire）說：「……滴落的淚水／秋天的落葉啊／被踐踏的落葉啊……」，魏爾倫（Paul Verlaine）則寫下：「其實我們／是如此落魄／四處流浪／紛飛／落葉啊」。歌頌巴黎街道樹的詩篇，其實還眞不少。

魏爾倫的「秋風的violin的／爲此季節啜泣感傷」，裡面所指的其實並不是小提琴的音色，而是枯葉的聲音。原本遮住陽光的濃密綠蔭，已漸漸轉變成褐色、黃色，在厚厚鋪上一層落葉的巴黎街頭，即便不是出口成詩的人，彷彿也能感受這充滿詩意的氣氛。夏季的觀光客也消失蹤影，長長白天也逐漸縮短，微弱的陽光及人行道上的落葉聲，更加感受到寒冷的冬天即將來臨。

提起巴黎的路樹，首先想到的就是七葉樹。巴黎大概有十萬棵街道樹，而其中七葉樹（日本七葉樹）占了一

杜樂麗公園的落葉。

萬五千棵。而數量更多的是約三萬五千棵的梧桐樹（洋梧桐）。其他包括了菩提樹、槐樹、楓樹、刺槐……，約六十種的樹木點綴著巴黎三分之一的街道。

在中世紀，榆樹象徵著正義，多種植在教會前及主教館的庭院等。巴黎曾種植三萬棵以上的榆樹，但自從一九八〇年流行病肆虐，如今約只剩下一千棵左右。

十九世紀中期，Ottoman進行的巴黎改造計畫中，造景園藝師艾爾發負責街道及公園的綠化計畫。他在十年之內，約莫種植了八萬八千棵街道樹，並且在巴黎建造許多大大小小的公園。現今，點綴巴黎的綠意，十之八九都是這個時期所種植的。而保護街道樹根部的大圓環也是這個時候做的。

秋越來越深、落葉也逐漸掉落……。

塞納河畔也掉落滿地的落葉。

春天開滿了白色、粉紅色花朵的七葉樹，結滿看似隆起的圓球，帶點詭異的果實。到了秋天，變成褐色的殼裂開、掉落在人行步道上。有點像栗子的果實從裂開的殼蹦出來。但帶點苦味、澀味，不太適合拿來食用。

我家附近的梭公園旁的林蔭步道，種了四列的七葉樹，它們朝天空盡情伸展著枝葉，就像是一片巨大的綠色窗簾。盧森堡公園前的綠蔭大道也相當美麗，桑特監獄旁、Arago街的七葉樹也長得比高聳的監獄牆壁還高，宛如一排厚厚的綠色圍牆。

整理這壯觀的綠色圍牆，必須出動專用的起動機。在起動機前端裝上大型電動螺旋鋸，將突出的枝葉毫不留情的修剪整齊。與其說是整理，倒不如說是修補工程。

法國梧桐的語意根源，是希臘語platus，也就是「大」的意思。包括香榭麗舍在內，巴黎最多的街道樹就是法國梧桐了，在普羅旺斯等南部城鎮，更是不可或缺的樹木。艾克斯翁普羅旺斯的中心Mirabeau街、貝基耶的Pierre-Paul Riquet、蒙貝利耶的雷斯普蘭等漫步道，在寬闊街道上，伸展著枝葉的梧桐樹，它綠色的樹蔭擋住

所剩無幾的榆樹。

桑特監獄的牆壁及七葉樹林。

南部強烈的陽光。在亞爾及歐宏桔等南部城鎮，有小巷複雜穿梭著的舊市街，在小廣場上一定也種植了上半部枝葉被修剪成大陽傘形狀的梧桐樹。

「不用說計程車、連地下鐵也不坐，用自己的雙腳走遍巴黎，雖然也會感到疲倦，但也有讓人愉快的事情。特別是秋天的十月、十一月，吹成堆的街道樹落葉將死巷渲染成檸檬色等，這是古都巴黎才有的風情。雙腳雖然感到相當疲累，但秋天漫步卻如脂燭黃金般的爽朗，眼睛及肌膚都感到無比的舒暢。」（金子光晴〈沉睡吧巴黎〉）

秋天涼風將落葉吹成堆，雖然感到清爽，但打掃起來可相當麻煩。如吸塵器般的落葉清掃機所發出的聲音，在巴黎秋天的街道四處響起。

在有風的日子裡，漫步在七葉樹下，偶爾會有從果殼蹦出的果實掉下，與步道碰撞時會發出鏗鏘的聲音。打在頭上，應該會很痛吧！

打掃落葉的機器。

種植了法國梧桐的歐宏桔廣場。

初秋的巴黎郊外梭公園旁，像似牆壁的七葉樹林。

庇里牛斯街的刺槐。

夏天的七葉樹果實。

七葉樹的花。

晚秋，垂掉於塞納河畔的法國梧桐樹果實。

南法貝基耶的 Pierre-Paul Riquet 街。兩旁種植了法國梧桐的散步道。

聖誕節的天使們

嚴寒的天氣正式報到之後，圍著圍巾、戴著手套、穿著厚重大衣的人也急速增加。這是個吹著冷風、天色昏暗的季節。因爲巴黎的地理位置比北海道更偏北，故從秋天到冬天，以冬至爲頂點，白天變得越來越短。到了十一月底，傍晚四點鐘，天色就幾乎全暗下來了。

如此又黑又冷的街，一旦聽見十二月的腳步聲，突然就變得多采多姿、熱鬧非凡。每一條街的聖誕節燈飾，很有默契地同時亮起。替可以聽見教堂鐘聲及讚美詩歌，街道卻聽不到「鈴兒響叮噹」這首歌的法國歲末風景，增添幾分華麗、熱鬧的過節氣氛。

教堂裡，將耶穌誕生時的場景再次呈現。稱爲紙雕玩偶劇場（Creshe）的裝飾品，以躺在桶內的嬰孩、耶穌爲中心，四周圍繞著瑪麗亞、約瑟、東方三博士、牧羊人及天使。只不過，在聖誕夜絕對會出現的是中間的耶穌。每個教堂的紙雕玩偶劇場規模及形式都不太一樣，

十二月安東尼廣場。

從手工製作的小屋鋪上稻草、擺放簡單的紙玩偶，一直到在磚瓦及岩石製作的大型場景裡，以實際的玩偶來裝飾等，各式各樣、應有盡有。

我家小孩所上的小學是天主教系的私立學校，所以在放聖誕假期之前，會舉辦園遊會，每個班級都會演出耶穌誕生劇。這就是活生生的 Creshe 劇場。在白色上衣安裝手工厚紙板翅膀的天使，看起來十分天真無邪。

每個家庭都像是在裝飾玩偶般的，把 Creshe 放在屋內裝飾。而使用的是素陶小聖人。十二月分，各地都會舉辦小聖人玩偶市場。

小聖人玩偶除了 Creshe 的主要成員外，還可看到農民、樵夫、麵粉店、漁夫、紡織工、打掃煙囪、販賣大蒜、牧師、山賊等，各式各樣配角的玩偶。高舉雙手表示萬歲的男女，以及在 Marcel Pagnol 劇場出現，嘴巴含著煙斗的 Marius 等。另外，也有牛、羊、馬、雞、鴨等動物。

普羅旺斯所製作的小聖人玩偶，依據每個製作工房的不同，表情及顏色也會有些微的差異。每個家庭選擇中

位於勃艮地的小村莊教會的 Creshe。

販售聖經、十字架項鍊、聖母像等的商店櫥窗，也擺設了各種天使。

在普羅旺斯製作的 Santo 玩偶。豢養家畜的農家情景。

已完全變暗的街頭，聖誕節燈飾閃耀奪目。安東尼教會前。

比起俗氣、豪華的設計，簡單樸實反而比較好。普瓦提耶的燈飾。

意的工房所製作的玩偶之後，首先要買齊主要人物（？）的玩偶。之後，一年一年的慢慢添購相同類型的玩偶。

我們雖是異教徒，在家裡也有小小 Creshe。這是在亞爾的古代競技場旁，一間 Creshe 專賣店所購買的，玩偶樸實的表情深深吸引著我。曾經是女兒同班同學，希爾維努她們家的 Creshe 是，素陶家畜小屋周圍有著岩山及幾家農家，並且還有農地及森林，相當壯觀的庭園造景。希爾維努的母親笑著說：「最近只能添購動物玩偶而已。」

這個時期的早市，可以看到用蝴蝶結裝飾的火雞、鵝、野兔垂掛在店頭，以及販賣著鵝肝及松露。酒店的陳列架上的香檳也增加了。

而麵包店及點心店當然就少不了聖誕蛋糕。法國的聖誕蛋糕是以木頭形狀的蛋糕捲，Bûche de Noel 爲主流。有白色及巧克力色的。偶爾也可看到咖啡顏色。最近，冰淇淋 Bûche de Noel 也出現了。

與日本不同的是，就算聖誕節已經過了，Bûche de Noel 也還會販售。就像到年初爲止的假期都稱爲「聖

垂掛在市場的聖誕餐食材。

誕假期」一樣，因此，新年之前，都能感受到過聖誕節的氣氛。在聖誕夜及除夕那天，餐廳會推出附有香檳，稱爲 Reveillon 的豪華大餐，但是大部分的家庭會在自己家裡享用 Reveillon。

在聖誕夜，虔誠的信教徒家庭會到教堂參加彌撒，因此街道顯得格外冷清。

過完年的幾天之後，麵包店會推出 Gâteau des Rois（國王甜點），這個時候，Bûche 終於可以鞠躬下台了。

一般來說，也稱爲烘餅的圓盤形烤甜點是在聖誕節過後十一天的主顯日吃的，但通常會賣到一月底。

Gâteau des Rois 裡面會藏稱爲 feve（蠶豆）的小陶器玩偶。依照人數來分配糕點，年紀最小的小孩躲在桌子底下，決定哪塊糕點要分給哪一個人。吃到 feve 的小孩就是 feve 國王，戴上附帶的紙王冠，並且可指名王妃（如果吃到 feve 的是女孩則可以選國王）。

聖誕節燈飾會閃閃發亮到一月底。

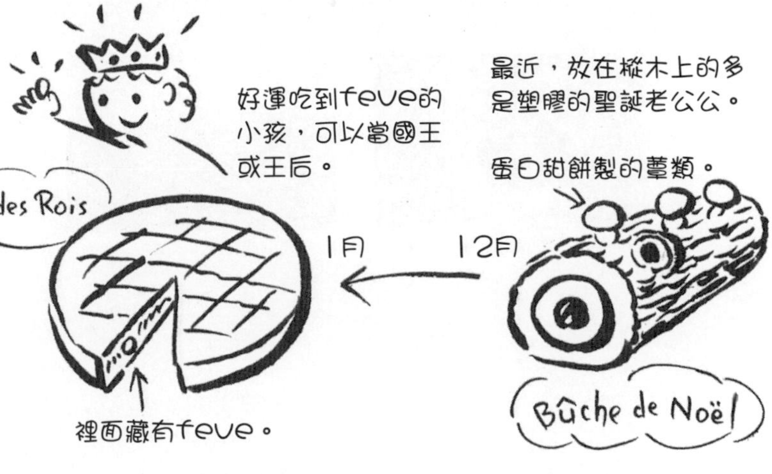
好運吃到feve的小孩，可以當國王或王后。
最近，放在樅木上的多是塑膠的聖誕老公公。
蛋白甜餅製的蕈類。
Gâteau des Rois
1月
12月
Bûche de Noël
裡面藏有feve。

北方的海邊

十九世紀以後，北邊海岸小鎮魯托克成爲有名的避暑勝地。在二十世紀初，以 Paris Plage（巴黎海岸）之名，開發而成的別墅區，聚集了許多英國人，就連沿著海岸所蓋建的餐廳及高級服裝店等建築物，也都充滿了英國風味。連英國式酒吧都有。從英法海峽吹來的風，即便是在晴朗的好天氣，也會有一種冷颼颼的感覺，但這對英國的人們來說，應該算不上什麼吧！

在可以看到有人抱著網球拍行走、有人騎著馬往松林奔馳而去的別墅區，並排著茅草屋頂的大房子、維多利亞風的家，以及各種不同風格的建築物。

在法國，除了開業醫生及公證人等之外，並不會把名牌掛在門外的。但取而代之的是，在住宅街及別墅區，可以看到像日本別墅（旅館或公寓也有）一樣的，替住家取梢風莊、松月亭等綽號，而在門上掛了寫有 Les Hirondelles（燕子）或 Le Papillon（蝴蝶館）的房屋。

掛上英文綽號的魯托克別墅。

魯托克的海邊。

大多以植物或鳥來取名字。在魯托克的別墅，可以明顯看到用英文取的名字。

也曾到過更北方的布隆納須梅。這裡是凱薩及拿破崙企圖征服英國而出航的古老海港，橫渡多佛海峽的船隻也由此港出航。在商店街，將裝滿食材及啤酒的紙箱抱上車的是，從英國來此採購的家族。這裡連英國製啤酒都賣得比本國便宜。

布隆納須梅是法國與EC圈的漁業、水產加工業的重要基地。小型漁船進出的舊海港沿岸，並排著販售剛剛捕獲的竹筴魚、青魚、比目魚、鰈魚、蝦子、貝類等漁獲的攤販。在夏天，充滿孩子歡樂嘻笑聲的海邊，現在只有散步的狗兒，頂著北風與冰冷的浪花玩耍著。駛向多佛海峽的船隻，消失在無邊無際的鉛色大海。

在接近西班牙國界的巴斯克地區的保養地，琵雅希茲，也有許多英國人的別墅。琵雅希茲是第二帝政時期的十九世紀中期，拿破崙三世替

海港的魚店。

布隆納須梅的海邊。

Eugènie皇后所蓋建的Villa Eugènie宮殿，之後，不單是在法國，就連英國、俄羅斯等歐洲的富豪，皆競相蓋建豪華的別墅。這裡，可以看到帝政樣式別館、新藝術、維多利亞樣式、俄羅斯風、荷蘭風等，具有各種風格的房屋。位於海邊的Eugènie宮殿，現在則是高級的飯店。

大西洋岸南下到這裡，天氣變得相當暖和。所以在琵雅希茲，即便是在冬天也能看到老人家，優雅地喝著下午茶。

UNESCO（聯合國教科文組織）的世界文化遺產，聖米歐爾山的冬天就特別棒。因爲將並排著土產店的狹窄巷道擠得水洩不通的觀光客，到了冬天便會減少許多，而且連登上修道院的狹窄石頭坡路，也都能感受到中世紀的氣氛。

退潮的時候，水鳥避開淺攤朝對岸走去，而佇立在灰色大海的修道院，看起來也格外雄偉壯觀。當然，強勁的海風也讓人印象深刻。

第二次世界大戰中，因成爲聯合軍登陸地點的諾曼第

琵雅希茲的海。

冬天的聖米歐爾山。

海岸，就如電影〈史上最大作戰〉所見，平緩的綠色大地突然在純白的懸崖邊，與大海融爲一體。

莫內及庫爾貝所畫，諾曼第的名勝景點埃特塔爾、以及鄰近漁港 Fecamp 等，這附近的海港都位在這個懸崖下的小河口。峭立懸崖上的內陸區域，可以看到牛吃著牧草的田園風景，但站在海邊的峭壁邊緣，就如文字所說，這是個會令人頭暈目眩的絕壁。

在嚴寒的冬天，獨自登上可眺望 Fecamp 港的無人懸崖。正想要拍張海港的照片，一腳踏出時，從腳下雜草的間隙中，突然看到在遠遠的正下方，白色浪花拍打著海岸，那種恐怖是前所未有的。更別說還有從北海吹來刺痛、凜冽的寒風。

因爲冒了許多冷汗，所以早早回到飯店，晚餐的內容是諾曼第風香草海鰩魚。諾曼第魚類料理的分量要比肉類料理多。新鮮的海鰩魚是最高級的，在兩層巨大的魚上淋奶油醬，連名產香甜烈酒都豪爽的幫你斟上。

北海岸的新鮮魚貝類及冷風，可以直接送到巴黎。

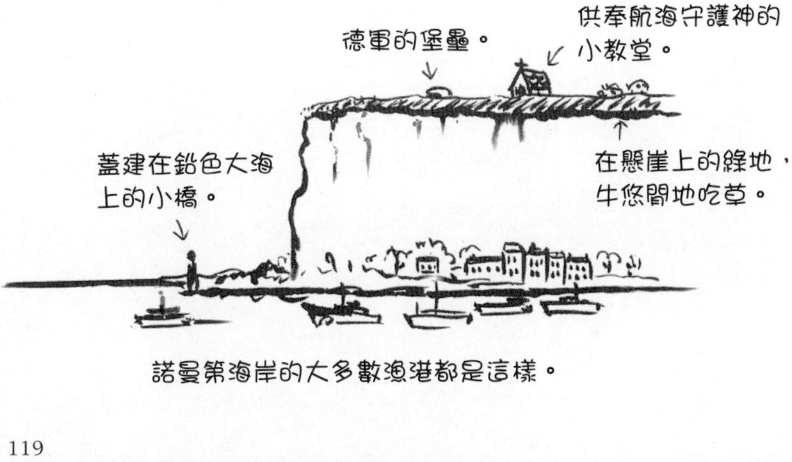
供奉航海守護神的
小教堂。
德軍的堡壘。
蓋建在鉛色大海
上的小橋。
在懸崖上的綠地，
牛悠閒地吃草。

諾曼第海岸的大多數漁港都是這樣。

從聖米歇爾岩山伸向淺海的塔。冬季觀光要注意防寒。

寒冬中的爐火

巴黎的冬天，每天都是又黑又冷。從北大西洋吹來的西北風，穿過了布列東及諾曼第毫不留情撲向巴黎。

巴黎所位在北緯48度50分的位置，正好在薩哈林島的中央部分。因此，冬天的太陽很低、陽光很弱、日照時間又短。走在冰冷石板路的人，各個戴著手套、圍著圍巾、全身緊包著防寒衣物。

地中海沿岸的馬賽及尼斯，所在的緯度跟北海道差不多。但拜橫渡地中海、從非洲吹來的風之賜，與巴黎相較，溫暖的氣候就像另一個世界。

法國的大部分皆屬於平原地，尤其是巴黎週邊，很難得才會下雪。而阿爾卑斯及孚日山脈及侏儸等山谷，及中央山脈區域、庇里牛斯山，則經年都是白雪靄靄。

曾經在能夠近眺白朗峰的夏蒙尼度假村，住了一個星期。這裡是設有餐廳、超市的大型度假村。但是，只有小小廚房的房子卻過度合理化，就像是商業旅館似的，

早晨下雪變成雨。

湛藍的馬賽天空及大海。

披薩店及牛排館的價格又特別昂貴。

雖然，電纜車能一股作氣地登上標高3,842公尺的南針峰，但混亂擁擠的情形跟藏王及苗場（藏王及苗場是日本有名的滑雪場）一樣，令人感到些許失望。當然，白朗峰的高度及魄力仍讓人瞠目結舌。

相較之下，去年所拜訪位於香貝喜附近的小型滑雪場就顯得優雅。在村內觀光介紹所推薦的，附帶三餐的便宜山莊裡，餐廳隨時都幫你準備了指定席，前一天所喝剩的紅酒也幫你擺在桌上。手工的開胃菜及甜點則是隨你取用。每天變換菜色的料理，眞是非常美味。雖然滑雪練習場及升降梯的數量不多，但寬闊的天空及有兔子跳躍的白色森林，簡直就是個天堂。

幸好，到目前爲止，從未碰過比塞納河還要冷冽的寒流。但零度以下的天氣持續幾天之後，巴黎的公園池塘也全都凍結成冰。當氣溫下降到零度以下時，街頭的許多噴水池及泉水的栓子都會關起來。

圍繞在羅浮宮美術館前廣場的玻璃金字塔四周的池塘，也因把噴水關掉而凍結起來。過了十點鐘，就像是

羅浮宮的金字塔及池塘的冰。

夏蒙尼。一七八六年初次登上白朗峰的人的雕像。

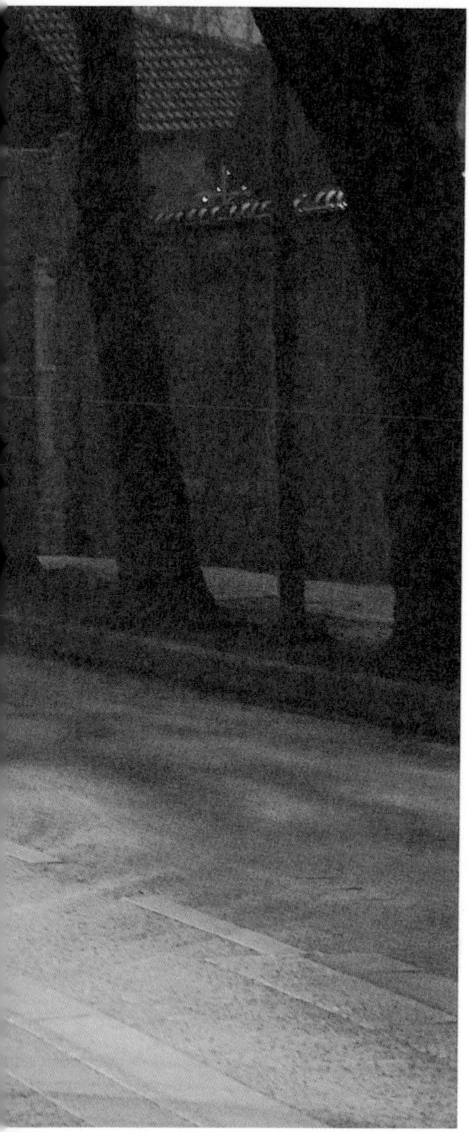

對馬來說，勃艮地的冬天也相當難熬。

二月的夏蒙尼滑雪場。

同時在阿爾勒鬥牛競技場，鬥牛士在練習。

斜照的微弱陽光，讓冰凍的路面閃閃發光。

從三個方向被羅浮宮擋住似的，太陽終於照在昏暗的廣場上，穿透過金字塔的陽光，照射在冰凍的水面上，反射出帶點冷意的鉛色。

盧森堡公園的池塘總是充滿著孩子用小樹枝玩耍著小船的歡笑聲。寒流來臨時，很難得的，這裡的噴水池還是繼續噴水。但從四方流出的水柱卻凍得結冰，唯有從中間冒出的水流，靜靜地流進還未凍結的池塘中央。

水鳥在冰上散步著。聚集了許多水鳥的秀蒙丘及蒙蘇喜公園的池塘，餵食工作人員每天早上，都會把餵食場附近的冰敲碎。

以前，冬天一到，杜樂麗公園角落的小型溜冰場聚集了相當的人氣。這個溜冰場不知在哪一個冬天消失了。現在，取而代之的是，每年冬天設置在巴黎市的市公所前面廣場及蒙帕那斯車站前廣場的溜冰場。

不知爲何，巴黎市內沒有一個常態性的溜冰場。因此，這種小型的戶外溜冰場吸引了許多人，十分熱鬧。來這裡溜冰的人大多是溜得搖搖晃晃的菜鳥，驚聲尖叫地在溜冰場內緣踉蹌溜著。而溜冰場中央讓人驚艷的

盧森堡公園的池塘。

小溜冰場上的女王。

少女，正展現她高超的旋轉技術。

在數年前的二月假期中，到勃艮地中央部分租借了房子。就算是嚴冬，還是可以看到，平緩山丘地上，羊兒及馬兒悠閒的身影，雖然是如此寧靜的風景，但寒冷的程度，即便是白天或是幾天過後，下成白茫茫一片的霜也都不會溶化。羊及馬的毛因結霜而變白，這應該不能說是樹冰了，而要說是羊冰或馬冰吧！

租借的房子是被樹林圍繞的老舊大屋的分屋。牆壁的厚度接近一公尺的石造房子，應該是主屋的傭人烘焙麵包所使用的小屋，在客廳大暖爐的後面就是烤麵包的烤爐。撿拾凍結的枯枝來焚燒。雖然也有電暖氣設備，但如果柴火完全燒起來，那麼暖爐絕對比較暖和。

現在我家也有小暖爐，特別寒冷的日子或是有訪客時，會拿劈好的庭院樹木或枯掉的樹枝來燃燒。暖爐的缺點就是屋內會濃煙密布，以及待在爐邊會忘記時間的流逝，根本不想再做其他的事情。

二月結束之後，白天的時間也漸漸變長。氣溫還是很低，但杏仁樹已經開了白花，漫長的冬季快要結束了。

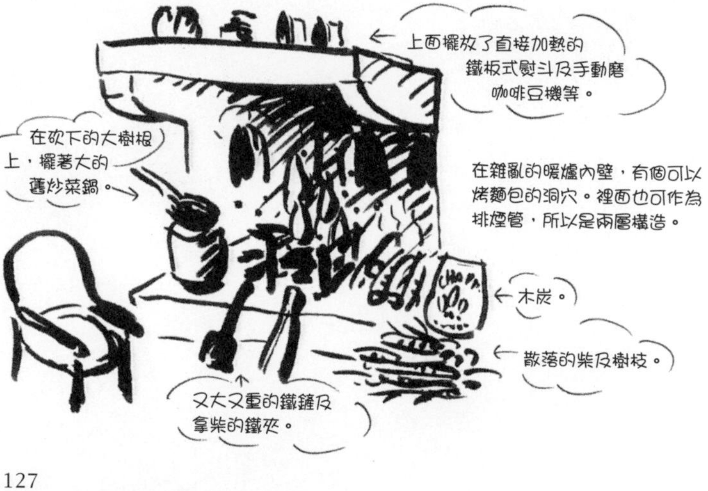
上面擺放了直接加熱的鐵板式熨斗及手動磨咖啡豆機等。
在砍下的大樹根上，擺著大的舊炒菜鍋。
在雜亂的暖爐內壁，有個可以烤麵包的洞穴。裡面也可作為排煙管，所以是兩層構造。
木炭。
散落的柴及樹枝。
又大又重的鐵鏟及拿柴的鐵夾。

二月，北非產的杏仁樹開滿白色小花。其他樹木都還光禿禿的。

3

日常生活觀察

安東尼的早市

在比平常更可以賴床的星期天，享用完有點遲的早餐後，往早市出發。安東尼是距離巴黎約十五分鐘電車車程的典型郊外住宅區。商店街裡面，只有屋頂遮掩的寬敞空間中，就並排了數也數不清販賣食材的攤販，其他，像是花、廚房用品、衣料等攤位也緊密排列。

市場入口處，牽著小山羊的，是販售孚日山脈地方特產喉糖的小販，演奏著老式手風琴的老藝人，以及吹著笛子的祕魯樂團都是這裡的常客。

首先，在一家熟悉的菜攤前排隊。在口字型的賣場，老闆及老闆娘、兒子跟女兒（大概吧）、幫忙的大叔，在數個地方設置附有算帳的秤重。

找到適當的縫隙排列，卻被旁邊的大嬸抱怨，「請排隊好嗎？」賣場四周雖然人潮洶湧、看起有點混亂，但實際上，每個秤重的地方都有隊伍的排頭，所以隊伍是有排列順序的。隊伍順序依照每家店的不同也有些許差

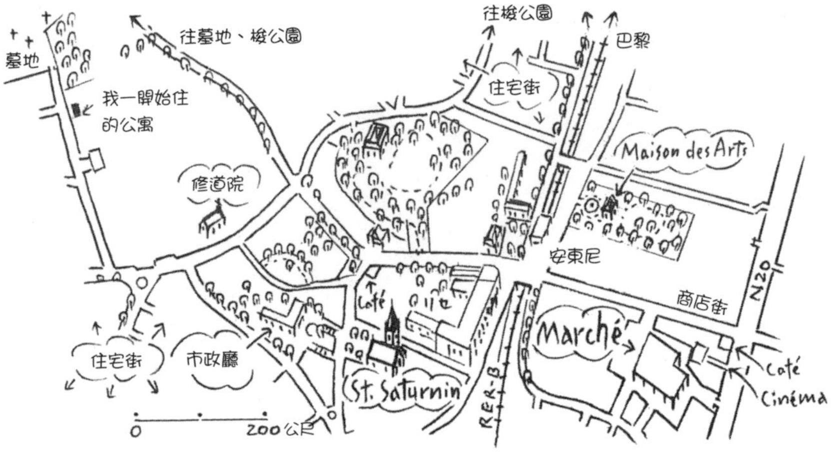

異，但如果不清楚這家店的排列規則而呆站原地，那麼不管等多久，都買不到想買的東西。

排隊輪到你時，先打聲招呼之後，再點「洋蔥兩公斤」。秤好重量的洋蔥就直接丟進菜籃裡面。當然，菇類及草莓會幫你放進紙袋，蔥及萵苣也會用紙包起來。這家店是普通的菜攤，但也有販賣馬鈴薯及洋蔥等專門店，或是只賣菇類及香草類的商店。

繞到常去的肉店。有拿著大切肉刀、留著壯觀鬍鬚的老闆及漂亮大姐招呼的這個肉店，是販賣牛肉及羊肉的專門店，依照用途來分切販賣，購買很方便。

法國市場最多的就是各式各樣的肉店。雖然統稱爲肉店，但根據販賣種類不同，各有其專門的名稱。

兼賣火腿及香腸、陶罐食物及餡餅等小菜的是豬肉店。整個煮熟的粉紅色豬頭，好像在看著你。賣野雁及火雞、鴙鳥及斑鶇，及只留下頭及腳的毛，倒掛在店內的兔子是雞肉店。一到了秋天，雞肉店也開始販售鹿、鴙雞、野豬等野味。

肉店當中，最令人感興趣的是內臟專門店。舌頭、

老闆和店員都會幫你切肉。

安東尼的早市是星期二、四、日。

美術館前廣場的柏桑松早市。

兔…子…好…吃…。

安東尼的馬鈴薯及洋蔥專門店。

顧著看小雞，「媽媽不見了」。

巴黎近郊米克斯的十九世紀的市場。

普瓦圖地方的尼歐荷市場。

Milly-la-Foret 的舊木造市場。

可以看到艾菲爾鐵塔的正面，巴黎 7 區薩克斯大道的早市。

巴黎普拉斯多菲托早市。

Laspail 的自然食品早市。

安東尼的馬肉店。

腦、肝臟、腎臟、睪丸、胸線、尾巴，將所有部位整齊（！）的分類排列。但在狂牛病流行之後，陳列的內臟種類明顯減少，讓人感到有點寂寞。

也有馬肉店。法國人偏好的碎牛排原本使用的是馬肉，這種肉買來之後，稍微冷凍就能做出美味的生馬肉及櫻鍋。其他肉店的工作服大多是白色，但不知爲何，馬肉店卻是大紅色的工作服，十分有趣。值得一提的是，馬肉製的香腸，表面也是大紅色。

肉店之外就是魚店了。發現好的鮪魚，就忍不住買下。北方及南方皆靠海的法國，海產種類之豐富遠遠超過我們的想像，也很新鮮。沙丁魚、竹莢魚、鯖魚、花枝等近海海產非常便宜，而鯛魚及比目魚就比較貴。

在乳酪店買了兩、三種乳酪、蛋及秤重販售的奶油，就差不多完成今天的購物了。

偶爾也會到義大利食材店買義大利麵及生火腿，挑選幾種陳列在醬菜店（？）的橄欖，並且補充些小栗粉及突尼西亞辣醬（辣椒醬）。

接近中午時，人潮也略微減少。到了一點關店的時

以令人瞠目結舌的樣子出現。

早市的魚店。20 區祭典廣場。

候，剛剛喧嘩吵鬧的情景就像夢境一般消失不見。法國是天主教國家，所以在習慣和家人共度的星期天，不管哪家店都休業，每條街道似乎都沉睡了。

有兩種類型的市場。附有專用屋頂的建築物 Marché couvert，以及與日本早市相同，在街道廣場或馬路搭建暫時性攤販的露天市場。

巴黎八處附有屋頂的市場與商店一樣，每天大概都會開市。靠近東車站的 Saint-Quentin 市場及秀蒙丘山腳下的斯雷唐市場等，是沿用十九世紀所建造漂亮鐵皮屋頂的市場建築物。一般的露天市場每星期會有兩、三次在上午開市。巴黎市內，大約有六十個早市。

價格有點高，品質卻相當有保障的16區威爾總統市場及可以看見艾菲爾鐵塔的薩克斯大道、平民化且很有朝氣的伯維大道及15區 Convention 大道等，根據地區的不同，販賣的商品種類及氣氛皆具有不同的個性。在拉斯帕依大道與 Batignolles 大道，也有只販賣自然食品的早市。

早市傳統對法國人來說，已經是不可或缺的。

南法歐宏桔廣場的早市。

19 區的斯雷唐市場。

巴黎近郊的小住家

從東京搬來定居，首先租借的是接近安東尼墓地的一間小公寓。從窗戶可以看見，在一整片紅色磚瓦屋頂的住宅區那頭，是座寬廣的森林。

不久，便搬到就在咫呎之遠的小房舍，體驗了擁有小庭院的有趣生活。但是，隨著孩子的成長，就搬到空間稍微寬廣的公寓。雖然是稱爲公寓的房子，但其實是間被指定爲市府歷史建築物，有點奇特的建物。

進入老舊的大門之後，經過改裝的十七世紀豪門宅第及其搭配增建的部分，以ㄇ字型圍繞著前庭，形成一座建物。十七世紀的部分有著城堡般的圓錐形高塔。新增建的部分，在外型上是仿造古代建築物而建造，而老舊建築物的內部裝潢卻完全翻新，恍然一看，根本分不清楚新舊的交界處。

在保留了許多老舊建築物的法國，建物外側維持原樣，只有內部配合著時代加以翻新的例子相當常見。由

從最初的公寓窗口看見的夕陽。

改裝自十七世紀宅第的公寓。

十九世紀的車站改裝而成的奧塞美術館及曾經是十七世紀貴族行館的畢卡索美術館，皆爲此類型的建築物。

另外，搭配老街而蓋建的新建築物也增加當中。到了一九七〇年代，世界各地皆可看到的四角高層公寓也出現在安東尼，但是現在，新蓋建的公寓樓高被限制在四層樓，屋頂也必須維持傳統的樣式。

這次，Bagneux 的新家所位在的山丘上，果眞有在七〇年代建造的大型公共住宅。每棟建築物的長度竟然有 1,500 公尺，簡直就像座屏風。

規模如此壯觀的集合住宅區，在大都市的郊外經常可見，但因爲對居民的心理及治安會有負面影響，因此，在近幾年，巴黎開始推行將高樓層集合住宅區破壞，改建成低層集合住宅的政策。聳立於 Bagneux 的高樓層集合住宅，在近幾年內，也難逃被拆毀的命運。

之前租借的公寓是新蓋建築，內部裝潢就跟一般的集合住宅一樣，幾乎沒什麼差別。但爲了有條理地與老舊建築搭配，房間角落也不是呈現直角。走廊也相當傾斜，根據地方不同，傾斜程度也不一樣。

決定要拆毀的建築物屏風。

工程結束後完成的街道。

配合老街區的興建工程。

連新蓋的建築物都如此了，所以，在法國，不是方方正正房間並不稀奇。在巴黎，沿著十字路口而蓋建的銳角三角形建築物相當多，在偏遠城鎮也可經常看見已完全傾斜的老舊房屋。

曾經住過的普羅旺斯及布爾日老舊旅館的房間，牆壁、地板都呈現傾斜狀態，平衡感好像也變得怪怪的。

幫忙搬家的攝影師YUTAKA先生也搬家了。他搬到巴黎14區的老舊公寓。離蒙帕那斯畫家所聚集的Vavin相當近，很久以前這裡就有很多藝術家工作室。

二十世紀初的建築物，進入雄偉的大門之後，位於玄關內側的螺旋階梯可直通五樓（日本的六樓）。讓人感到不可思議的是電梯，竟然只容得下兩個人。而且兩人還必須面對面、鼻子幾乎都要碰在一起了，狹窄的程度令人難以想像。情侶搭乘是沒什麼差別啦，但對搬家來說，連冰箱都擺不進去可說是最傷腦筋的。他的房子是打通五、六樓的工作室，玻璃窗起碼有五公尺。之前居住在此的畫家所使用的顏料味道仍殘留在空氣中。

巴黎對於老舊建築物的改建有嚴格的限制，因此，居

ASCENSEUR
深度只有45公分。
從早市回來的大嬸，
終於把菜籃拉進去，
鬆了一口氣。

漢恩舊街的傾斜房屋。

住的房屋多半是老舊的公寓。雖然老舊，但老舊的程度卻是形形色色，十九世紀的建築物也並不稀奇。也有住在十七世紀建築物的友人。不動產價格持續攀升，想要找房子真的很困難。

從排列街道上的建築物建材及形狀，就可知道這棟房子蓋建的年代。在巴黎郊外的住宅區，雖然遺留了十七至十八世紀的建物，但從十九世紀末到二十世紀初所蓋的石造房屋及一九三〇年代的房屋卻有很多。一般來說，三〇年代的房子都比較小。也可看到幾棟近代建築的住宅。

不管是哪家，面對馬路並排的建物背後就會有庭院。大多數的庭院都會種植大型果樹。有李子、杏、蘋果、梨子，但以櫻桃樹最多。春天每家庭院開滿白色花朵。

從葡萄棚架伸出的老葡萄藤，延伸至小屋的屋頂。也有核桃樹及李子樹。當然也有櫻桃樹，春天開滿枝頭的白色花朵。花朵謝了之後，當然長出鮮紅欲滴的櫻桃。

高枝頭的果實是屬於小鳥的，但結實纍纍的櫻桃還是吃不完。

開滿了櫻花。我家的春天。

鑲邊的石頭支撐著柔和的牆壁。

梭鎮有許多大房屋，應該是屬於十八世紀的。

許多房屋都有閣樓。

安東尼。十七世紀的石板複折屋頂。

稻草蓋的田園風房屋。巴黎近郊很少看到。

老房屋的屋頂也有方便採光的天窗。

典型的三〇年代住宅。

巴黎郊外常見的十九世紀末的房屋。

三〇年代的房屋裝飾藝術圖樣也很簡單。

吉瑪設計的新藝術。一九〇八年的房屋。

爬滿長春藤、建築家 Phryne 一九三四年的作品。

稱為牛眼的圓形窗。屋頂是石板瓦。

自行車的天堂

在女兒還小的時候，曾在自行車店買過孩童用腳踏車。帶著對光亮的新腳踏車感到滿意的女兒回家。但是「爸爸，這輛腳踏車沒辦法站耶……」。這輛腳踏車沒有可以支撐的支架。法國自行車連支撐棒式的支架也要特別訂做，在路上很難看到。

街道四處雖然都有腳踏車停放，但每輛都只是靠在護欄或街道樹旁，卻牢牢綁上防盜用鐵鍊及車鍊。

在日本常見的前置物籃及放在前面的孩童用座椅也非常少見。但後面裝設孩童用座椅的腳踏車倒是看過幾次。有些大嬸也會騎著腳踏車去買菜，但對一般法國人來說，將腳踏車當作日常生活工具的意識似乎很薄弱。

提到法國及自行車，就讓人想到每年夏天舉行的環法自行車大賽。從一九〇三年以來，這個已具有一百年歷史，堪稱世界最大規模的自行車競賽，就像在法國巡迴比賽似的，每天都會更換不同的路線。賽程沿線每年都

用鐵鍊綁住的腳踏車。

會聚集 1,500 萬的觀眾，就算是阿爾卑斯或庇里牛斯山的山岳路線，從前一天開始，搭建帳棚、等待比賽者通過的大有人在。

在長假旅行時，在土魯茲城鎮偶然遇上環法自行車大賽的抵達日。在傍晚時分，等待參賽者的抵達，此時整個城鎮早就沸沸揚揚了。成爲當日終點站的城中心，市政廳前的 Capitole 廣場上，電視及廣播的現場轉播車，各隊伍的贊助者、提供自行車的廠商、零件廠商的帳棚等，通往廣場的競賽路線也擠滿了人群。

終於，在熱烈的歡呼聲當中，一行參賽者陸續抵達。哇！速度眞的很快。根本還搞不清楚哪輛、是誰，就陸陸續續抵達終點。隔天早上的出發，速度更是快得沒話說。總計有兩百輛，幾乎在同一時間、瞬間向前衝出。

法國也有許多任何人都能參加的小型自行車比賽。

在 SNCF 車站，準備了許多腳踏車專用的厚紙箱，可以抬上搬運腳踏車的專用貨車。可以租借腳踏車的車站也相當多。在放假期間，可以看到許多將腳踏車綁在車頂上，到鄉下度假的車子。

在土魯茲市街上舉行的環法自行車大賽。

布黑斯特的自行車路線。

在伯維山丘，等待著某人……。

巴士底廣場上的兩人。親吻打招呼之後，兩人快速地各往左、右方向駛去。

法國人認爲自行車運動、健康的因素遠比實用性重要。「在自然的鄉村奔馳」似乎是對自行車的印象。
最近巴黎街頭飛馳的腳踏車增加了。在法國，偶爾會因爲每年舉行的總罷工，導致電車及巴士停擺好幾天。因此大部分人會開車上班，使交通阻塞越來越嚴重。
此時就該腳踏車登場了，它最適合在動彈不得的車陣中穿梭，所以在巴黎市內可以看到腳踏車來來往往。
平時的巴黎，因爲地下鐵及巴士的交通網絡四通八達，不太需要腳踏車代步。寬廣的大馬路總是車水馬龍。小巷道又大多是中世紀的凹凸石板路，車道也十分狹窄。但行走的車子還是很多，停在路旁的車子也是緊密排列，幾乎沒什麼空隙。
換句話說，巴黎街道根本不適合騎腳踏車。更何況，在車子排放的廢氣當中騎車也非常麻煩，可以看到許多用腳踏車專用的簡易型防塵口罩及毛巾遮臉的人，絕大部分的人是懷著對開車族的抗議吧！
巴黎的空氣污染問題非常嚴重。近來，政府及巴黎市終於發覺事態不妙，如果污染情形超過標準値，而當日

車站的腳踏車專用厚紙箱。

巴黎的腳踏車專用道。

爲偶數日，則車牌號碼尾數爲偶數的車子禁止行駛，奇數日則反之。

同時，在主要街道設置腳踏車專用車道，開始保護、獎勵騎乘腳踏車。

而且，公開表示自己是同性戀的德拉諾耶，第一次以社會黨的身分當選市長，並邀請綠色黨參與市政之後，即在夏季這段期間，開放塞納河畔的腳踏車專用道路，而將此路線稱爲 Paris Plage，並且讓電車軌道（路面電車）復活，陸續施行對車輛的限制、保護行人及腳踏車安全的政策。德拉諾耶的支持率也因此大幅度提升。現今，尙未到達一百公里的自行車專用路線，在二〇一九年以前，計畫將延伸至 220 公里。

巴黎市內租借腳踏車的情形增加，使用腳踏車到各名勝參觀的觀光團也出現了。不久的將來，巴黎或許也會像阿姆斯特丹一樣，成爲自行車的天堂。

車子較少的星期天，聖馬丁運河的沿岸等地，是不錯的騎乘自行車路線。

大家都
揹黑色
背包。
巴黎的蒙面腳踏車。
像蒙面俠或小偷的裝扮，帶來緊張的氣氛。
應該不必這麼認真吧！

左拉女士的庫斯庫斯

在民族風料理及義大利料理十分流行的日本，法國料理仍脫離不了高級體面的印象。

不過，跟高級料亭的懷石料理無緣的我們，就像街上好吃的蕎麵店或豬排店，在法國，也有許多極爲平常的餐廳。在附近工作或是住在附近的人，經常光顧交情不錯且有「定食（特餐）屋」氣氛的餐廳。

開在共和廣場旁邊的平民區，A La Petite Fontaine就是這種餐廳。因爲離巴黎的日文新聞「Ovni」的編輯部很近，去那裡幫忙編輯或排版的時候，通常都會跟Ovni的工作人員到這家店吃中午的特餐。一進門，先跟留著一臉鬍鬚、站在門口櫃檯接待客人的老闆握手。他負責開胃酒及葡萄酒、餐後咖啡等飲料，同時兼任結帳的工作。在門口附近設置櫃檯是定食屋風格的餐廳、小餐館特有的裝潢，等待或是沒有位置的時候，可以邊等待邊在這裡喝杯開胃酒。

A La Petite Fontaine

中午不預約就進不去的餐廳，每個餐桌只招待一組客人，能夠安安靜靜、慢慢地品嘗料理是必須用金錢交換的。可以讓人放心進入的定食餐廳，不管到哪家都是按照順序、與其他人同桌，分享熱鬧的歡樂用餐時光。這種店在偏遠城鎮比較多。聖傑曼跟瑪黑區雖然也有好幾家，但就定食餐廳來說價格有點偏高，而有些店是以觀光定食餐廳型態來經營。

巴黎的定食餐廳中我最喜歡 L'Ebauchoir，這是家位於巴士底內部的店。我的夥伴由紀子，自稱是定食評論家，而且出了《新・在巴黎吃午餐》的書，書中也介紹了這家店，店內格局及裝潢雖然很破舊，但年輕的工作人員卻很機伶、爽朗，可以放心享用便宜又美味的佳餚，可說是定食餐廳的典範。

在這樣偏遠城鎮的當地餐廳裡，幾乎都會、應該可以這麼說，可以看到住在附近的獨居老人用餐。每天坐在相同的位置，就算不點餐，也會端來當日特餐。店裡的人會記住每個人的好惡，如果當日特餐的菜色是客人不喜歡的，那麼就會端上別種料理。

A La Petite Fontaine的櫃檯。

聖馬丁運河旁的 Lu Bourgogne，是有懷舊氣氛的老定食餐廳。這裡可以選擇自己喜歡的前菜，再自行端到餐桌享用。有的客人也會順便幫年長者端菜，詢問身體的狀況，就像是一家人。

順便一提，曾跟日本友人一起用餐的麗池酒店的餐廳，也有獨居老人坐在「指定席」用晚餐。三不五時叫喚侍者，這個也抱怨、那個也埋怨，前菜跟主菜幾乎沒有動過，只是把豪華的巧克力蛋糕攤平退回。爐火純青的任性，看起來很帥氣，不過卻也有些淒涼。

然後，就是 A La Petite Fontaine。這個餐廳只有中午營業。特餐是 8.5 歐元。面帶微笑聽取點餐、在烹調料理方面也相當在行的是老闆娘左拉女士。廚房雖然還有另一位廚師，但還是由她包辦一切。端送料理的是左拉女士的兩個孩子。最近，爲了代替已經結婚，只能偶爾來幫忙的姊姊，弟弟的女朋友也會到店裡幫忙。

在法國，套餐式特餐稱爲 menu，而菜單則叫做 carte。從 carte 自由選擇的是 A La Carte。高級餐廳既有 menu，而定食屋也有 A La Carte 料理。

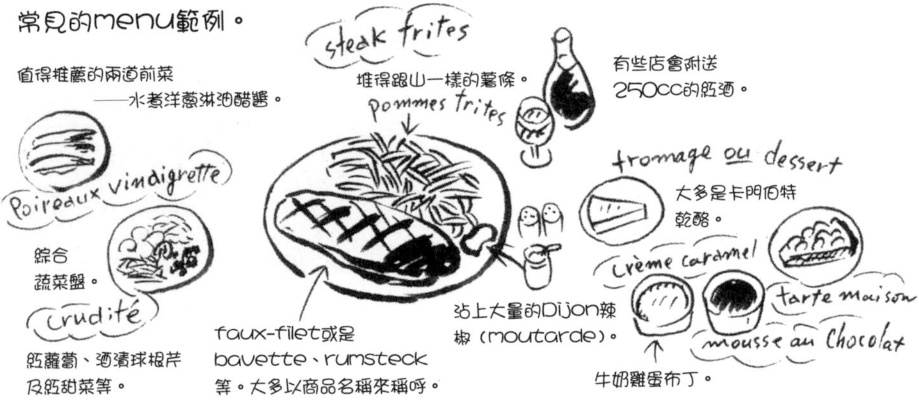

常見的menu範例。
值得推薦的兩道前菜
——水煮洋蔥淋油醋醬。
Poireaux vinaigrette
綜合
蔬菜盤。
crudité
紅蘿蔔、酒漬球根芹
及紅甜菜等。
steak frites
堆得跟山一樣的薯條。
pommes frites
faux-filet或是
bavette、rumsteck
等。大多以商品名稱來稱呼。
有些店會附送
250cc的紅酒。
沾上大量的Dijon辣
椒（moutarde）。
fromage ou dessert
大多是卡門伯特
乾酪。
crème caramel
tarte maison
mousse au Chocolat
牛奶雞蛋布丁。

Menu可從數種前菜、主菜及甜點選擇。價格比從A La Carte點選划算。更何況，大部分的餐廳都會有每天不同的「今日菜色」。

大多數餐廳會在星期五推出魚類的餐盤料理。這是因爲耶穌遇難的那天是星期五，所以有在這天不能食肉的風俗。但是，也有這是販賣水產的業者想讓不太喜歡吃魚的法國人吃魚所設下陰謀的說法。也就是「魚啊魚，把魚當作話題——然後吃魚」。

大體上，定食屋的料理還是以法國傳統家常菜及鄉土菜色爲主。

左拉女士烹煮的日常法國料理當然好吃，但在每星期四，也會烹煮故鄉阿爾及利亞的正統庫斯庫斯。這道菜美味會讓你愛上癮。

以小麥製作的庫斯庫斯蒸過，再毫不吝嗇淋上以香辛料調味的番茄蔬菜湯，搭配羊肉及阿拉伯香腸（放有辣椒的辣味香腸）。

源起於阿拉伯馬格裏布聯盟的庫斯庫斯，充滿了法國風味，甚至可以說是法國的國民料理。

左拉女士的庫斯庫斯。是健康料理。

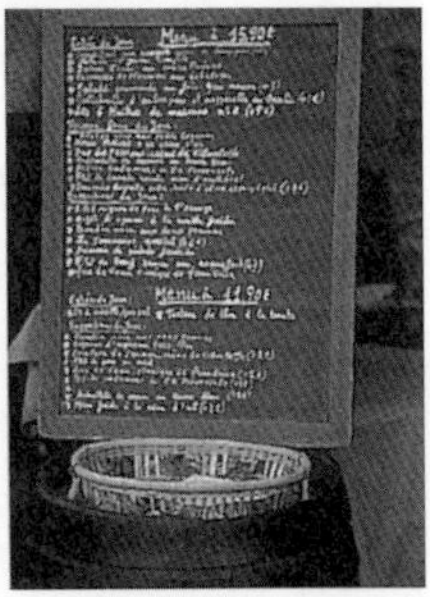

下面寫有簡單的 menu。

好的定食屋所提供的玻璃瓶紅酒也值得信任。

咖啡屋的今日特餐 menu。

今日的前菜及主菜各有三種。

將寫著菜單的黑板移至客人看得到的地方。

這種桌布及小餐館椅子是定食屋的招牌擺設。

天氣好的時候，「L'Ebauchoir」的外面也坐滿客人。

帶點特殊風味的「L'Ebauchoir」主菜。

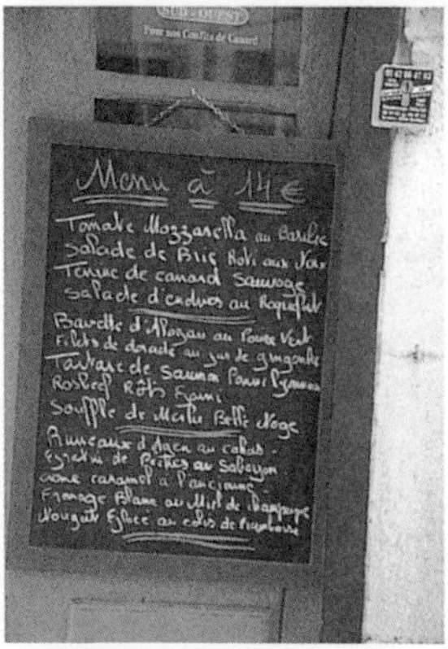

前菜四種、主菜及甜點各五種。

Plat du Jour只有一道菜。

只有主菜及甜點的特餐。

4 歐元的酒

從九月中旬至十月初，法國所有的葡萄園開始採收葡萄。雖說有逐年減少的趨勢，但在每個國民、每年平均喝掉九十瓶以上葡萄酒的葡萄酒王國——法國，除了北方的少部分地區，全國各處都有釀造葡萄酒。

不單是酒商，連在小食材店、肉店、起司店等的角落，也一定擺放那家店精心選出的數種葡萄酒。法國的超級市場情景與日本的大同小異，但食品的種類分配卻大相逕庭。肉類及起司、以及葡萄酒的賣場面積格外寬敞。葡萄酒大致區分成紅酒及白酒兩種，然後再細分波爾多、勃艮地、隆河坡地區等，依據產地擺放在陳列架上。便宜的差不多在2歐元左右，最貴的是波爾及勃艮地的一級品，約20歐元上下。更高檔的葡萄酒可能還是要到葡萄酒專賣店選購。

每天要喝的，非紅酒莫屬。5歐元左右就可以買到不錯的，肯出8歐元的話，品質當然就更沒話說，但要是

酒店Nicolas的店門口。大多是 4 歐元左右的葡萄酒。

能在4歐元的葡萄酒陳列架找到好酒就是行家了，這是我個人所訂下的標準。只是葡萄酒有無數的生產者，而每個生產者又各自有數個產品品牌，每種品牌又有產量的限制。每年葡萄酒的品質也會有所差異。如果覺得上次買的葡萄酒不錯，這次想再買相同的，才沒有幾天，想要買的葡萄酒可能只剩下一瓶。只不過，等級高的葡萄酒未必都是好的。

經常有細菌從木栓侵入，使酒的品質產生變化（稱爲bouchon）及氧化的情形。餐廳的Tasting Glass儀式就是要確認這個部分。因此，除非是保存方法有問題，否則年代較近的葡萄酒幾乎沒有試喝的必要。

居住在西班牙的畫家堀越千秋所寫，令人感到愉快的書《西班牙迷糊日記》當中提到，西班牙的葡萄酒，和像濃茶般苦澀且「清爽」如水的法國葡萄酒，喝起來比較香醇。他對於法國的批評（其實這是對一味崇尚法國品牌的人說的）雖然過於直接，但卻是一針見血。的確，跟產地及價格無關，有時候眞的會買到只有澀味的波爾多，或是口感很順的薄酒萊新酒。

在Charentes地方的拉侯榭勒。

羅瓦河沿岸的產地松塞爾。

科西嘉島的葡萄酒也很好喝。

勃艮地、Cote d'Or（黃金山丘）的名產地 Volnay 的葡萄園。

安東尼的葡萄酒大會。差不多已經喝醉的臉。

Volnay 村。以低矮石牆區隔的葡萄園。雖只隔一道石牆，等級就會差很多。

薄酒萊新酒日。Montrugueil 街的酒店。

在巴黎的老定食屋及便宜又好吃的餐廳，一定有極力推薦的好酒。而且根本不需要試酒，直接從橡木桶汲取，保證好喝。它們大多來自Lyonnais、羅瓦河，或是更西南方地區，因此，去偏遠地區旅行時，一定會品嘗當地生產的葡萄酒。

第一次在科西嘉島喝到的葡萄酒，是侏儸山谷的Arbois，距西班牙國界很近的Languedoc Roussillon地方所產，稱爲Minervois、Fitou及Corbieres的葡萄酒（堀越先生說，越靠近西班牙的葡萄酒就越好喝）……。並不是多有名的葡萄酒，但是都很美味又便宜。

在日本吹起一股流行風潮的薄酒萊新酒，是將原本須放置在橡木桶內熟成的葡萄酒，在收成後不到兩個月的時間，促使它快速發酵而成的。在已經變冷的十一月解禁日，不管哪間咖啡廳或餐廳都貼出Le Beaujolais Nouveau est arriv'e（薄酒萊新酒上市）的海報。在提供試喝的酒店及小酒館前面，可以看到擠了許多愉快的、站著試喝的人。

曾居住過的安東尼鎮，每年九月都會舉辦「乳酪及葡

雖然不太像，但在布列松的作品裡，有張像這樣拿著酒瓶秤重販售的男子照片。現在，幾乎已經看不到。

Rue Mouffetard, 1954
Par Henri Cartier-Bresson

有些餐廳使用pichet來裝酒。瓶底很厚又很重，但卻很美觀、很有價值的感覺。容量跟一般瓶相同（750ml），但卻只裝500ml（un demi）。

萄酒活動」，在教會前廣場及街道上的攤販，集合了來自全國各地的生產者及酒商（將橡木桶內的葡萄酒，以瓶裝方式販售）。試喝之後，如果覺得滿意的話，看要購買幾瓶、可以當場下訂單。並非只有乳酪及葡萄酒，像香腸類、餡餅及鵝肝，以及果醬、鄉村點心類也有販售，所以，這是個老少咸宜的活動。

從巴士底廣場延伸而出 Richard Lenoir 大道的早市裡，也有大型的酒店。販賣有平時極爲少見的葡萄酒，年輕的店主根據客人的喜好及預算，推薦合適的葡萄酒，眞的非常對味又好喝。他擁有釀造學士的資格，親自到產地及酒市選購好喝的葡萄酒。

很巧的是，店主 Edausrd 先生住在我家附近的隔壁城鎭，所以他會幫忙把替我選的葡萄酒宅配到我家。只要傳個傳眞，等他當天工作結束之後，就會直接幫我送過來。他總是跟兒子一起來。

之後，我家的酒櫃（其實是置物櫃）就常備有他所推薦的葡萄酒。連最好是多放幾年的波爾多也不知何時就喝完了，因爲這樣還經常被他取笑呢……。

同時也販賣鵝肝的葡萄酒大會。

薄酒萊新酒上市囉！

稀奇的食材

就如地方改變、品種也會改變這句話，在法國，有許多在日本從未見過的食材。

陳列在菜販的蔬菜模樣也大大不同。又厚又硬的蔬菜葉，原來就是胡亂堆成堆的菠菜。茄子跟小黃瓜的尺寸大得嚇人，味道也淡而無味。還有整條黑漆漆的蘿蔔。削去如軟炭般顏色的外皮，味道確實跟純白蘿蔔一樣。

相反的，從日本進口的香菇就直接以原來的名稱來販售，柿子還是以柿子、富士蘋果也是用富士來稱呼。非洲及安德列斯食品店一定會有的秋葵也是用秋葵這名字販售，而這就是在非洲原產地所稱呼的名字。

在早市裡，偶爾會遇上一些不可思議的東西。從扁平球根長出莖的大頭菜（球根高麗菜），完全看不出它是高麗菜的一種。在日本，偶爾也會是以蕪菁的名字在市面販售。表面一顆一顆的綠色星狀螺旋蔬菜，是花椰菜的一種，稱爲羅馬捲心菜（Romanesco）。簡直就像現

黑色蘿蔔的裡面也是白色的。

野生的蘆筍。拿來涼拌非常美味。

代藝術的作品，或是會在SFX電影出現的怪物。味道像冬瓜的Patisson，從形狀來看，似乎可以理解爲何它有「司祭的帽子」這個別名。

在日本是不可能看到的，但是在法國卻是相當普遍的蔬菜，那就是Celeri-rave（根芹菜）。如嬰兒頭般的大小、凹凸不平的球狀。雖然蔬菜本身有莖跟葉，但可以食用的卻只有根的部分。切成細絲熱炒、作成沙拉，有爽脆的口感。剛到法國時候，我老婆說：「原來法國料理書上寫『將芹菜切成細絲』指的就是這個啊！」讓她感動萬分。

佩里戈爾地方的名產「松露珍味」，在市場上果然也受到特殊的待遇。一般的香菇是成堆擺放，可是松露卻小心翼翼放在小竹籃裡。在眾多菇類當中，龍葵的風味特別好，因此十分受到珍重。形狀像是大一號的土麻

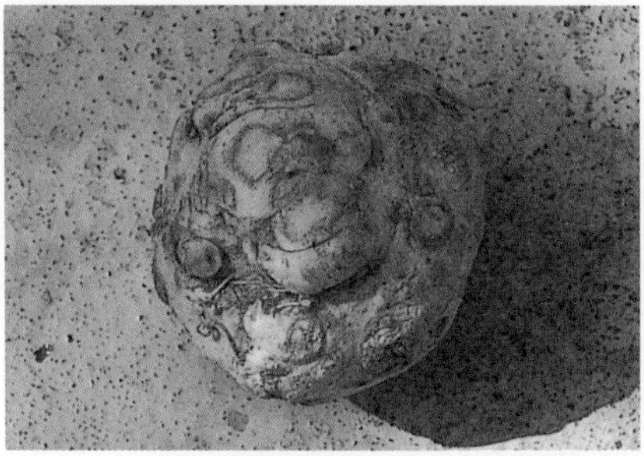

Celeri-rave 很像一般芹菜。

螺旋模樣的立體幾何學藝術蔬菜。羅馬捲心菜。

黃、蕈傘部分坑坑洞洞的，看起來有點怪異的菇類。不過呢，風味還是比不上松茸。

與松露同負盛名的鵝肝，比起松露，平常更容易吃得到。這是刻意地讓鵝或鴨子的肝臟變肥大，同樣也是屬於佩里戈爾等西南地區的名產。製版工吉爾先生，非常擅長將從肉店買來的新鮮鵝肝加工成自家製鵝肝，直說「這比外面賣的好吃」特地送給我品嘗，味道要比外面賣的淡，帶點生、有點油，手邊還有一些剩下的。

豬肉也幾乎所有的部位都能夠吃，所以，在豬肉店有販賣整隻小豬。秋天時山禽野獸肉店前會掛著整隻完好無缺、帶著皮毛的鹿及野豬。兔子則只留下臉及手腳的毛，身體完全是光溜溜的狀態。

就像早市內臟專門店的數量一樣，內臟料理的種類也相當豐富。諾曼第地方Caen的名產料理卡恩式燒牛雜，其實就是燉內臟。以相當清淡的調味來烹煮新鮮牛胃及牛腸，味道其實還不錯。可以清楚看到胃壁表面上的凹凸不平。但是，如果在烹調手藝不怎麼樣的餐廳點這道菜的話，或許會因爲牛胃清洗得不夠徹底而覺得有

réglisse指的是甘草。
長50公分左右，
一截一截的吃。
黑色甜點。
用山羊乳酪作成，
tourteau地方的點心。
卡尼乳酪蛋糕。
tourteau fromage
réglisse也有不同的形狀。
ZAN
還有黑色蘿蔔、血香腸
等，黑色食物特別多。
剝掉焦黑的外皮後品嘗，
非常美味。
roulou de réglisse

內臟的臭腥味，要特別小心。

自從狂牛症出現，幾乎所有餐廳都取消內臟料理，販賣內臟的店鋪也沒什麼人光顧。

將豬腸圍繞捲成香腸狀的是 andouille，而以小型內臟物作成的香腸則是 andouillette。Andouillette 是 Champagne 地方 Troyes 鎮的名產，但每次有跳蚤市場或祭典時，一定會有把 andouillette 與洋蔥一起拌炒，再夾入長型麵包販售的攤販。

第一次吃血香腸 boudin 也需要點勇氣。味道有點甘甜。可以搭配烤蘋果一起享用。因爲外表看起來黑黑的又捲成一堆，所以小孩子會七嘴八舌地說，「bibi、kaka、boudin！」bibi 指的是尿尿，kaka 並不是指老婆而是便便。

在早市的蛋店發現巨大的鴨蛋。聽說「拿來料理成蛋包或是作成點心非常棒」。但我還是選擇烹調成荷包蛋。口味清爽卻非常香醇，是個頭很大的荷包蛋。

一般的雞蛋與鴨蛋。

小牛腦髓 cervelle。

食材中的鑽石——松露。

patisson 也稱為「祭司的帽子」。

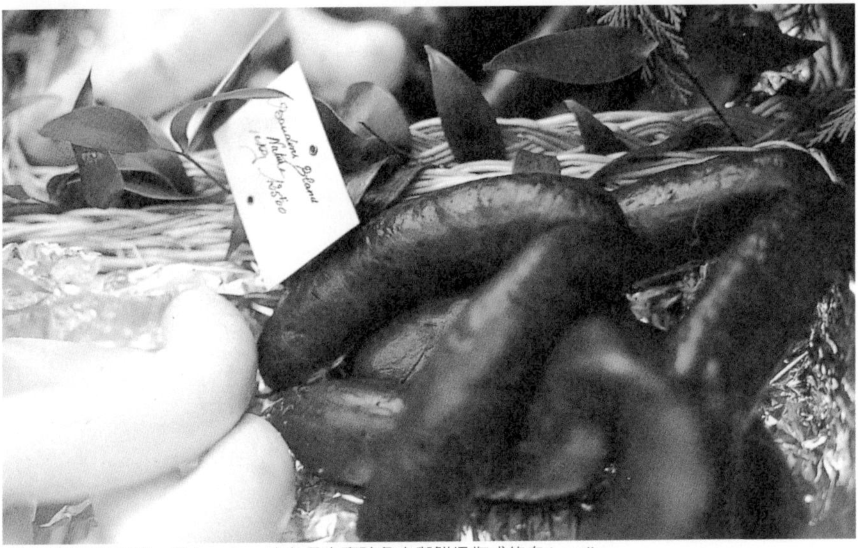

帶著黑光的血香腸，黑 boudin。白色是由磨碎魚肉與鮮奶作成的白 boudin。

像天線插在壓扁的球上，這就是大頭菜。味道跟綠花椰菜很像。

嚴格、不容鬆懈的學校生活

從六月底開始，持續兩個月以上的暑假結束之後，九月分的新學期終於開始了。

在巴黎拉丁區的書店，購買教科書及參考書的學生，或是父母帶著孩子的隊伍大排長龍。巴士底廣場上，將自己用過的教科書排在地上販賣的學生，以及百貨公司、文具店，也因爲新學期的開始而熱鬧滾滾。

從幼稚園到大學，法國學校並不舉行入學及開學典禮。當然，也沒有畢業典禮及結業典禮。學校開學那天，父母和小朋友亂哄哄地擠在學校廣場上。校長「今年的幾年級生總共幾名、一共三班」簡單致詞。接著，叫每個班級學生的名字，並且介紹「本班導師，德朋瓦女士」。老師帶著學生進入各班教室。這樣就結束了。簡單、不受重視的程度，讓人覺得有點掃興。

結束第一天的孩子，揹著沉甸甸的、裝滿教科書的書包回家。把每本書一一包上書套，在標籤上寫上名字並

書店也有賣舊教科書。

貼在書本上，這是父母親在新學期的工作。向國家租借的教科書，就一年又一年傳承下去。

到了國中及高中，父母親就不會陪著孩子參加開學典禮了。按照公告的班級表，各自進入教室後，班導就會公布功課表，便依照功課表開始當天的授課。

大學則必須自己先向希望進入的大學（學系）登錄。如因名額已滿而遭到拒絕時，就必須跟其他學校登錄。然後，登錄選擇的課程。手續好像十分麻煩。眞正開始授課大概在十月中旬以後。要是不自動自發的話，是不會有學校讀的。

我們家決定在法國定居的時候，女兒是小學一年級、兒子卻只有一歲。校長古龐女士是一個有點肥胖、身穿白色套裝、戴著白色鏡框的眼鏡、佩帶鈴鈴作響的耳環和手鐲的女士，對著完全不懂法語的女兒說「沒關係，沒關係」，熱情地迎接我們。由於跟日本的校長感覺差太多，我們不禁想：「眞的沒關係嗎？」

開始到學校上課的女兒首先感到驚訝的是班導的香水。放學回家時，老師會逐一對學生親臉頰、說拜拜，

小音樂家也愉快地一起上學。

寒冷的午後，結束授課的孩子及來接小孩的父母親。

學校復活節的化妝。

販賣高等專業學院準備課程教科書的學姊。

巴黎 10 區的區立小學前，與往常一樣新學期的開始。

但因爲氣味太臭，女兒說：「根本不敢呼吸。」

第一個學期開始沒多久，就會召開一年一度的學校日活動。全部的人一起聽校長講教育方針，然後在各班教室聽班導講話。回答學生家長的疑問。上了國中，每個科目的老師會依序到教室，說明「我是數學老師某某某。今年授課的內容是……」。在其他時間，要是有問題或需要商量的事情，可以直接寫信或打電話給老師，取得安排之後，再和該位老師面談。

法國學校教育的基本主張「學校是學校，家庭是家庭」。從幾乎所有人都會去上的幼稚園，一直到小學低年級爲止，每天上下學的接送是父母親的責任。但是，父母卻不能進入學校。當小孩踏進學校之後，就屬於學校的管轄而與父母親無關。同樣的，小孩走出學校就是父母親的責任了，和學校沒有任何關係。

另外，值得一提的是「老師是教授學習的人，教室是授課的場所」這個原則。小學跟日本的相同，班導負責大部分科目的教授。

但是，當授課結束休息時，老師會把教室門上鎖。將

坐在講台上的老師，與學生父母親談話。

父母親則坐在小孩的椅子上。

所有小孩趕出教室，讓他們到外面玩耍。聽說小孩是「不管下多大的雨或雪，都會被趕到外面，毫無例外」。

授課之外的校內學生管理不是老師的責任，而是由稱爲監視人、學生監督者專門負責。就連小學，老師頂多就是教授讀書而已。

法國的考試競爭非常激烈。從幼稚園開始（！）就有落榜是理所當然的，就算通過 Baccalauréat（高中畢業資格，即大學入學資格考，簡稱 Baku），是否能夠進入理想大學還是要看成績。即便考進去，能否升級還是要以成績高低決定。Baku 成績相當好的學生，會以進入精英課程爲目標，參加 Grandes Ecoles（高等專業學院）的準備課程 Cours Préparatoire。大學及這些學校的學費是免費的。但如果情況不允許，就要進入必須繳納學費的私立專業學校。因此，講求自由、平等的法國，是個升學能力主義及階級社會的國家。

總之，我家女兒從今年就開始採取行動了，從幼稚園開始就讀的兒子，轉眼也必須要參加 Baku 考試了。

巴黎第 6、7 大學 Jussieu 校舍前。

名門高等師範學校。

什麼都有的跳蚤市場

我喜歡一邊逛古董店，一邊在跳蚤市場亂晃，家裡大部分的家具跟餐具都來自舊貨商店。法國是直接使用中世紀建築物的國家，所以古老物品的種類多得嚇人。

提到巴黎的跳蚤市場，聖端是最有名的。每個週末，在巴黎北方 Porte de Clignancourt 外側的聖端鎮所舉辦的跳蚤市場，聚集了數不清的古董店、古玩店，走馬看花起碼也需要一整天。並排了許多衣服及裝飾品、非洲手工藝品等攤販，就像是廟會般熱鬧。

這裡跟倫敦的 Portobello 相同，每個攤販都有固定的位置，有些攤販在平常的日子也會開店營業。就像並排在複雜巷道內的簡陋小店，最近古董街也慢慢搬到漂亮的拱頂商店街開業，也逐漸失去從亂七八糟的雜物中找到寶物的那種喜悅，但是奧妙神祕的程度卻絲毫不減。

相反的，星期六、日在南部城鎮的 Porte de Vanves 舉辦的跳蚤市場，洋溢著跳蚤市場該有的悠閒氣氛。這個

有許多大大小小的古玩店。

聖端的腹地相當廣。

跳蚤市場是攤販及帳棚並排在長約五百公尺人行道上的晴天市場。隨著天氣的變化，有些商店會提前關店。偶爾會挖到寶，最適合隨意的閒逛。

固定的日子及星期開張的定期市場之外，也有許多每年會不定期舉辦幾次的市場。包括定期市場在內，全法國每個月約有六百至一千五百個古玩市場開市。

報攤會販賣像是Antiquités Brocante或Aradin，這種迎合古董及古玩行家的月刊。在這類型的雜誌，提供了密密麻麻的古玩市場預定開市日。有日期、場所及店家數量，可以從這個數字推測那個市場的規模。

從三月到六月，然後是九月到十一月的這段季節的週末，光是巴黎市內就約有十處的跳蚤市場。Saint Sulpice教會前廣場、拉孔達米納街、巴士底的Richard Lenoir街、13區的Auguste Blanqui街等，有好幾個持續一、兩個星期的大規模市場，獲得相當不錯的評價。

Marche aux Puces的Puces是跳蚤的意思，但古玩及古道具則是Brocante、古美術及古董是Antiquites。除此之外，Windown Grenier則是空來的儲藏室之意思，

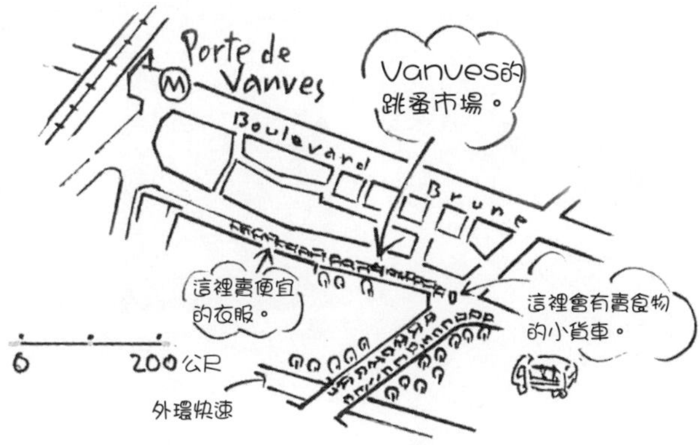
Porte de Vanves
Vanves的跳蚤市場。
Boulevard Brune
這裡賣便宜的衣服。
這裡會有賣食物的小貨車。
0 200公尺
外環快速

也就是雜貨市場。當然，在 Antiquites 可以看到一些與我家無緣、具有歷史背景的好東西。

法國室內設計首重樣式統一，根據居住建物的時代及居住者的偏好，用一貫的樣式來設計是非常重要的。古董店也徹底區分爲路易十六時代樣式的家具專門店或是只有新藝術作品的店家。

飯店及餐廳也以路易十四樣式統一，成爲主要賣點，當然，在區分米其林等級時，也是十分重要的關鍵。

在一九三〇年小房子的客廳裡，鄉村風的暖爐、裝飾藝術風的裝飾櫥櫃、白木桌及各式各樣的椅子，而且還擺放電視及音響裝備，根本連室內設計都稱不上。

我家家具的大部分幾乎都是在貨物集散地 Emmaus 找到的。所謂的貨物集散地也就是委託販售的二手商店。Emmaus 是由因舉辦各種奉獻活動而受到尊敬的皮耶魯神父所主持的慈善團體。收集一些捐出的物品並整理販售，將全部所得捐出救濟無家可歸的人。

巴黎郊外有數間 Emmaus，在看起來像倉庫的建築物裡，並排著家具、餐具及衣服、書、電器用品等各種物

17 區拉孔達米納街的市場也不錯。

聖端的 Antiquites。

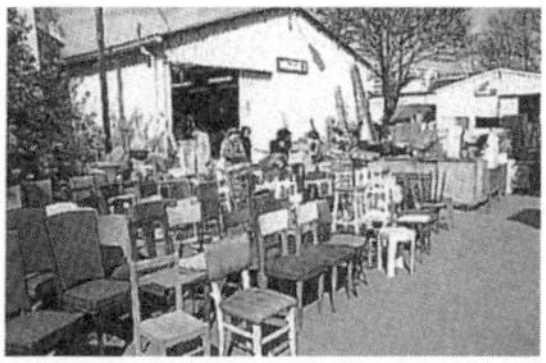

Emmaus 的椅子是方便椅。

品。因爲並不是以賺錢爲目的，所以價格相當的便宜。托它的福，我家的大型餐具櫃只花了約一萬兩千日幣、椅子則是一千日幣，價格低到讓我覺得有點不好意思。

北方城鎮里耳的跳蚤市場，聽說聚集了約一萬間的店家。巴黎西郊的Oeil鎮的Brocante市，是到目前爲止見過最大規模的跳蚤市場。廣場及商店街就不用說了，但是連住宅街也都並排了1,500個帳棚。約有一半以上是附近居民所開的店。也有些小孩會把自己的玩具和洋娃娃拿出來賣。

詢問在Clignancourt要賣10歐元，有Pastis舊商標的玻璃的價錢卻只要「40生丁」。另外，老奶奶結婚的時候所帶來的里摩日餐盤組，大哥說：「數量不是很齊全，但只要5歐元，就隨便賣賣。」

因爲太投入，而忘記自己肚子餓了。在跳蚤市場內的攤販買剛烤好的Andouill Ette（內臟香腸）三明治，搭配冰涼的啤酒，補充體力再次開始挑戰。這也是跳蚤市場的魅力之一。

巴黎北郊，Ecouen的雜貨市場。

跳蚤市場飄散著食物的香味。

從拆毀的房子搬出所有東西來販賣。寬敞的聖端市場別有風味。

不知為何，古董店有許多狗。

這種標本該擺放在哪裡呢？

在竹籠裡，等待「誰快點來買我」。

這隻熊應該放在哪裡呢？

巴黎 13 區 Auguste Blanqui 街。春天及秋天的地下鐵高架橋下的跳蚤市場。

老舊的珐瑯澡盆。窗邊的鐵欄杆、地址標示牌。真的是什麼都有。

關於墳墓

剛到法國的第一個星期，暫時借住在攝影家關原彰先生的公寓。這間公寓面對勒阿辛墓園，從窗戶可以望遍林木叢立的墓地。不遠處是Rothschild家的墓。雖然是座以房屋造型設計的大型石造墳墓，但沒有格外豪華，看起來十分普通。

勒阿辛墓園是建蓋於陡坡，如廣大自然公園的地方，林木環繞的步道上，分散著一些有名無名、或新或舊的墳墓。樹立雕像的巴爾札克及繆塞（Musset）等墳墓，以及如艾洛依絲（Eloisa）與阿貝拉（Abelard），就像座小禮拜堂的墳墓，模仿希臘神殿的、如煙囪般的塔狀墳墓，或者是用色彩鮮豔的瓷磚裝飾的新藝術墳墓、大理石金字塔、現代雕刻等。

放置一張比榻榻米稍大，重而厚實的石板是最爲普遍的，這就是被埋放的棺材的蓋子。有的只有這塊石板蓋，但在後方立著十字架或墓碑的還是占大部分。感情

勒阿辛墓園。

吉瑪設計的新藝術墳墓。

和睦、同居在一起的西蒙娜・西諾雷（Simone Signoret）和蒙當、皮雅芙的墳墓就是屬於這種簡單類型的。

圍繞著火葬場的建築物裡面，有著如付費置物櫃般的共同墓園。長眠於此的有，瑪莉亞・卡拉絲（Maria Callas）跟麥克斯・恩斯特（Max Ernst）等，一些被火葬的人。因爲東方正教的傳統信仰，法國一般都是以土葬的方式。而信仰人數緊跟在東方正教之後的伊斯蘭教也相同，所以，全國火葬場的數目是少之又少。

沉睡著白遼士及史湯達爾的蒙馬特墓園，因位於窪地，所以會感到有點陰沉濕冷，而有沙特及西蒙波娃、波特萊爾、坎斯博（Gainsbourg）等墳墓的蒙帕那斯墓園，則氣氛十分明朗。

除了這三個大墓園以外，巴黎還有像是位於羅卡代羅廣場旁邊，有莫內及德布西的 Passy 墓園，以及其他十一座小墓園。但這對於有 220 萬人口的都市來說，還是不足夠的，因此，在近郊城鎮的七個地方設置了「Parisian 墓園」。因二〇〇三年夏天的酷熱，造成巴黎死了相當多的人，無家可歸的人占了八十名，這些人在

殯儀館及火葬場的煙囪。

沙特及西蒙波娃的墳墓。

Passy 的巴羅爾特墳墓。

回憶裡的家族相本。

安東尼墓園。有彩繪玻璃的禮拜堂型墳墓。

萬聖節的安東尼墓園。滿溢著色彩鮮豔的菊花。

因戰爭而早逝的人。

有許多陶製墳墓裝飾品。

安東尼墓園。前面是年幼時死去的孩童墳墓。後面鐵製十字架類型已減少。

沒有墓碑的情況下，先行埋葬於郊外的「Chai墓園」。

在巴黎，一旦有名人過世，大多會埋葬於勒阿辛墓園等市內墓園。但不知為何，傑哈．菲利浦與布拉克（Georges Braque）都葬在郊外墓園。之後，菲利浦被移往蔚藍海岸省，距離聖托洛很近的佩拉瑪丘魯村，而布拉克則移至諾曼第的芙拉丘凡魯，可以眺望海的墓園。這兩個地方都是他們度過晚年，覺得相當喜歡的地方。

說到海邊墓園，南法的塞特墓園是位於能遠眺地中海的山丘上。這裡有范勒里的墓。但是塞特出身的歌手布拉桑（Georges Brassens）的墓卻不在此處，墓園入口處標示著「布拉桑的墓地不在此處」，並清楚地將另一個墓園的場所標明。一定是有很多人來錯的關係。

前往亞爾時，所拜訪羅馬時代的墓園阿里斯康，因梵谷及高更的畫作而知名。不知原本沉睡於此的羅馬人何時消失，現今在林蔭步道上，並排著空無一物的石棺。

在巴黎南部郊區的安東尼居住的頭兩年，位於城鎮外高地的墓園就在隔壁。抄捷徑前往附近的梭公園時，經常會穿過這個墓園。

塞特。左邊是范勒里的墳墓。

阿爾勒的古代羅馬墓園。

從家裡陽台往下看，每天早晨及傍晚，有一位老人絕對會出現在往來墓園的斜坡上。不管天氣多麼炎熱，或是下大雨、颳大風雪的日子，總是頭戴著黑色帽子，慢慢朝墓園移動，大約一個小時過後，才會往回走。過了一段時間，我才知道這個老人獨自住在斜坡下的大房子裡，而每天去數年前過世的太太墳前探望，已成爲支撐他所有生活的寄託。我曾經看過他靜靜地、一動也不動地坐在墓園內的長椅上。

曾經見過幾次面，打過幾次招呼的這位老人，卻突然消失不見，最後，住在對面的老婆婆告訴我：「那個人已經走了，昨天舉行的葬禮。」

十一月一日是萬聖節，是每個人到墓園祭拜的日子。花店裡清一色擺放菊花，墓園四周也有一些專賣菊花的攤販，顏色非常的鮮豔多樣。萬聖節時，法國墓園就像是在舉辦菊花博覽會一般。

豔麗的菊花花環及花束……。

安東尼墓園的圍牆與老舊墳墓。

罷工與遊行

巴士底因一七八九年七月十四日的監獄衝突事件聞名。建蓋在監獄舊址的廣場上，一八三〇年七月革命所喪生市民的遺體就埋葬在此，並且樹立了「七月圓柱」。圓柱頂端的自由守護神閃耀著金黃色光芒。

在巴黎舉行的集合與罷工遊行，大多以巴士底廣場或共和廣場作爲會場。除了主要的七月十四日革命紀念日前夕的慶祝活動及勞動日之外，大大小小的集會遊行，都會在某處集合之後往另一個廣場前進。

往東的國家廣場及南邊的 Denfert-Rochereau 廣場也經常使用。學生的遊行以拉丁區的聖米榭爲中心。雖然在夏特勒廣場及協和廣場什麼事都會發生，卻很少見

巴士底廣場的遊行。

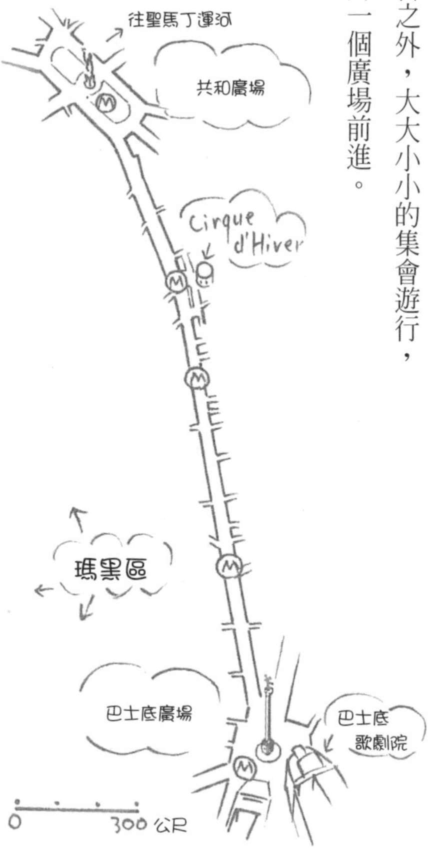

往聖馬丁運河
共和廣場
Cirque d'Hiver
瑪黑區
巴士底廣場
巴士底歌劇院
0
300公尺

到大規模的集會活動。

總之，法國在一年當中，會舉行各種的遊行與罷工。別說是勞工團體了，其他像是農民、漁民、醫生、護士、老師、郵差、消防人員、環境保護及反種族歧視團體、極右團體、無家可歸的人及其支持者……。其實，有各式各樣的人，以各種訴求表達自己的意見。

活動型態也是千奇百怪。最近，有一團遊行隊伍，在遊行終點站協和廣場喧鬧至半夜，警備隊便以催淚瓦斯驅趕。因觀光客也牽連其中，頓時引起不小的騷動。但是，並沒有眞正與搭起路障的警備隊發生激烈衝突。

二〇〇三年初，反對布希出兵伊拉克的遊行舉行了好幾次。我跟老婆也冒著寒冷的天氣，在星期六的下午走上街頭。雖可揣測參加人數的龐大，但這一天，從國家廣場出發，經過巴士底，一直到共和廣場，整個隊伍長達三公里。

雖說廣場各處飄浮著勞工團體及在野黨的旗幟，還有廣告氣球，但卻看不到任何演講台，這些團體也不發表任何演說。販賣三明治和阿拉伯辣味香腸的攤販出沒於

拿手工做的告示牌來反對布希。

孩子也反對移民法修正。

老師的遊行。

此，讓主題沉重的集會活動氣氛稍微輕鬆一點，現場也沒有戒備的警察先生。法國政府十分反對布希的決定，因此，不會有平常執政、在野對立的場面出現吧！

不久之後，大型團體開始有了動靜，終於要出發了。原本一起蹲在地上的學生團體，突然站起身來，以及配合著非洲年輕人敲打的大鼓聲，手舞足蹈地前進的團體，還有巴勒斯坦的人和數量極少的伊拉克人。

有模有樣的團體及群眾之間，適當夾雜著攜家帶眷和呼朋引伴的人，以及年齡不拘跟服裝不整齊劃一的人。也有許多人拿著手工做的告示牌、戴著號碼布條。

途中，會在通過巴士底之後的咖啡廳稍作休息。鄰席的大嬸，及對面抱著小孩的夫婦也是參加者。廁所當然是大排長龍了。

或許是展現「自由、平等、博愛」的國家基本精神吧，在法國，罷工及集會遊行皆廣泛地被接受。

高中生因要求修改學校制度及改善教育環境等而發起遊行、罷課，首相及教育大臣直接與學生代表見面、交涉，並承諾會加以改善，這樣的例子並不稀奇。大臣與

跟著大鼓的節奏來行進的人，
頭頂上飄著烤阿拉伯辣香腸的煙。

勞工團體代表的直接協議更是一般慣例。

因歐洲共同體的統整，各國所產的生鮮食品開放進口。對此而感到憤怒的生產者，採取相當強硬的武力行動。農民襲擊倉庫，將從西班牙及義大利進口的番茄、葡萄銷毀，畜牧業者則放任豬隻及牛在高速公路奔跑，漁民把市場的竹筴魚跟花枝倒掉……。

要求加薪的貨車司機所採取的武力，將大型卡車並排停放在全國主要幹線道路，造成路障。因此，交通大爲混亂，而因鄰近各國的抗議使得政府不得不介入司機與經營者之間的協調，六天之後，終於獲得圓滿的解決。

國鐵及地下鐵就不用說了，因機場罷工導致定期班機停飛是很常見的。從巴黎駛出的郊外電車及巴士停駛兩星期，最後必須借調軍用貨車來疏散上班、上學的人潮。我也不得已（但有大半是抱著好玩的心情）的搭上軍用貨車。平常二十分鐘左右的路程卻塞了兩小時。又冷，屁股坐得又痛，唉呀！眞的是……。

即便如此，從民調結果知道，反對罷工、罷課的人只占極少部分。

因交通罷工而出動的軍用卡車。

學生也參加遊行。

終於可以休息一下。

綁著寫有 NON A LA GAIRE（反對戰爭）的手工製頭帶（？）安靜行進的人。

後記

法國是很棒的國家，而巴黎則是相當美的城市。但實際在這裡生活，也會發生許多難以理解、不愉快、令人厭煩、讓人吃驚的事情。今年夏天的氣候十分酷熱。雖然我家的貓死了，但全國卻有超過一萬二千的人也熱死了。養老院、醫院根本沒有冷氣可吹，但更慘的是，大部分的醫生跟衛生署的官員都跑到Vacances避暑，因爲他們根本想不出應對之策。

之後，政府爲了辯解而編出一堆謬論，但法國本來就是個善於言詞及說理的國家。對於「正義之士布希」的伊拉克攻擊事件，法國從頭至尾皆抱持反對的態度。「戰爭是不對的。終止戰爭是聯合國的、以及政治與外交的使命。」席拉克的這番說詞，怎麼想都是很有道理的。

但向來主張和平的日本卻以「勉強通過……」來支持沒有道理的那一方。外交似乎不單只是強詞奪理。應該是這樣吧！我們祖國對於說理及言詞的價値觀，似乎剛好跟法國相反。

本書是對在巴黎各地所見的法國片段，以及在那裡生活的人所做的生態觀察紀錄。這本法國指南對於想作爲法國旅行及居留指南的讀者來說，派不上用場的部分或許比較多。請抱著完全用不上也沒關係的心態來閱讀這本書吧！

這本書是將從一九九五年四月開始，於《NHK法語廣播講座》教科書連載三年的「法國觀察」內容加以修正彙整後所編製而成。在連載期間給予協助的NHK出版的米村望先生、黑田五百箇子小姐，以及爲讓本書更好、更有趣而提供寶貴意見及幫助的阪急傳播株式會社書籍事業部的江口繪理小姐。在這裡要特別向你們致謝！

稻葉宏爾

二〇〇三年十月

【Eureka】1007

法國閒遊地圖

原著書名——ガイドブックにないフランスぶらぶら案內
原著作者——稻葉宏爾
譯　　者——張司昀
封面設計——徐　璽
主　　編——郭寶秀
特約編輯——邱光月

法國閒遊地圖 / 稻葉宏爾著 ； 張司昀譯_-- 初版_-- 臺北市 ：馬可孛羅文化出版 ：家庭傳媒城邦分公司發行，2005〔民94〕
面； 公分_--（Eureka圖文版；1007）
譯自：ガイドブックにないフランスぶらぶら案內
ISBN 986-7247-05-1(平裝)

1.法國—描述與遊記

742.9　　94007594

發 行 人——涂玉雲
出　　版——馬可孛羅文化
台北市信義路二段213號11樓
電話：02-23560933
E-mail:marcopub@cite.com.tw
發　　行——英屬蓋曼群島商家庭傳媒股份有限公司城邦分公司
台北市中山區民生東路二段141號2樓
讀者服務專線：0800-020-299
服務時間：週一至週五9:30～12:00；13:30～17:30
24小時傳真服務：02-25170999
讀者服務信箱E-mail：cs@cite.com.tw
郵撥帳號——19833503英屬蓋曼群島商家庭傳媒股份有限公司城邦分公司
香港發行所——城邦(香港)出版集團有限公司
北角英皇道310號雲華大廈4/F,504室
E-mail：citehk@hknet.com
馬新發行所——城邦(馬新)出版集團
Cite (M) Sdn.Bhd.(458372U)
11 , Jalan 30D/146 , Desa Tasik Sungai Besi ,57000 Kuala Lumpur , Malaysia
E-mail:citeKl@cite.com.tw
製版印刷——中原造像股份有限公司
初版一刷——2005年5月25日
定　　價——260元 (如有缺頁或破損請寄回更換)

ISBN 986-7247-05-1 (平裝)
GAIDOBUKKU NI NAI FURANSU BURABURAANNAI
By Koji Inaba

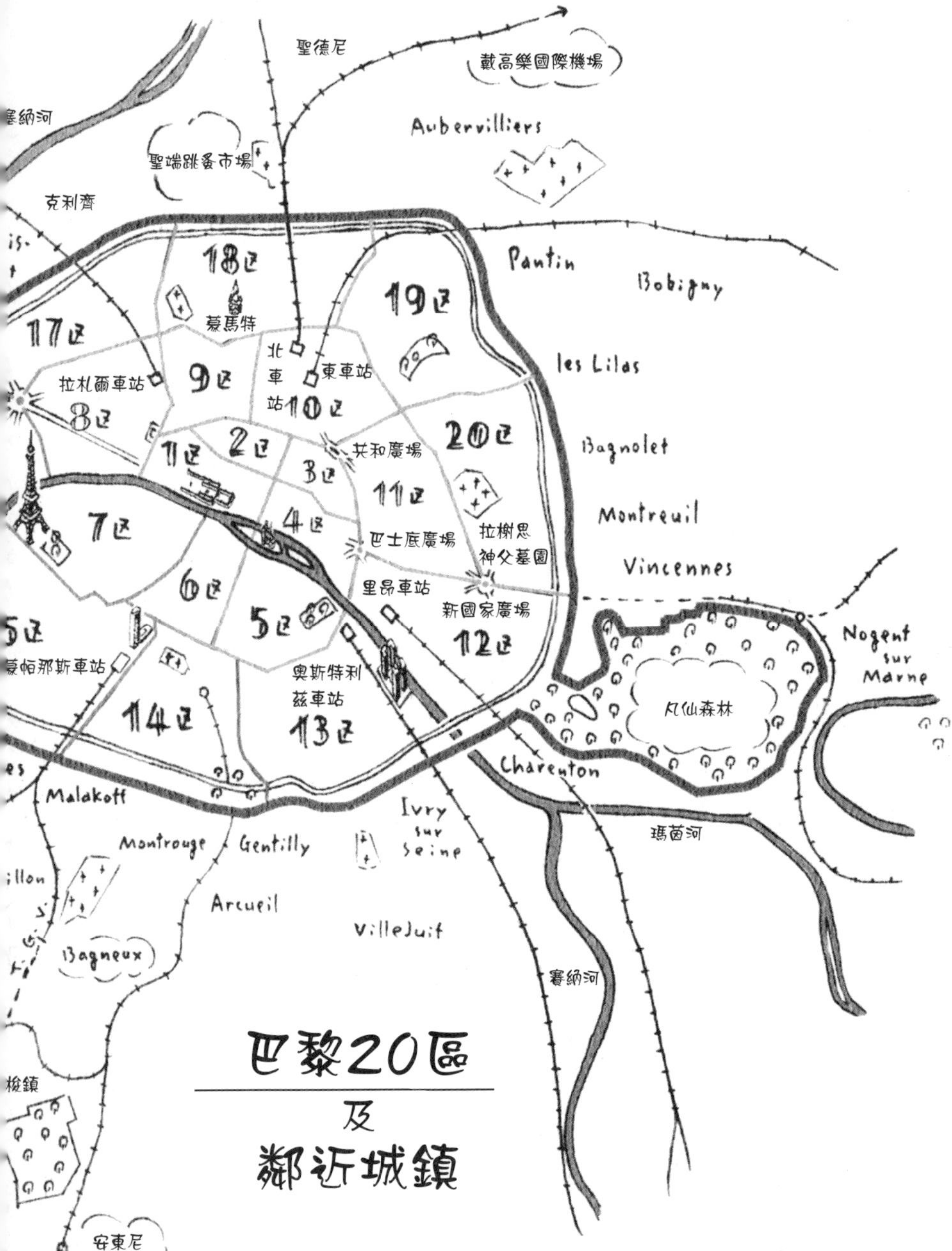

聖德尼
戴高樂國際機場
塞納河
Aubervilliers
聖端跳蚤市場
克利齊
18区
蒙馬特
17区
19区
Pantin
Bobigny
北
車
站
東車站
拉札爾車站
9区
10区
8区
les Lilas
1区
2区
共和廣場
20区
Bagnolet
3区
11区
7区
4区
巴士底廣場
拉榭思
神父墓園
Montreuil
Vincennes
6区
里昂車站
新國家廣場
5区
12区
Nogent
sur
Marne
蒙帕那斯車站
奧斯特利
茲車站
14区
13区
凡仙森林
Charenton
Malakoff
Ivry
sur
Seine
瑪茵河
Montrouge
Gentilly
Arcueil
Villejuif
Bagneux
塞納河
巴黎20區
及
鄰近城鎮
安東尼

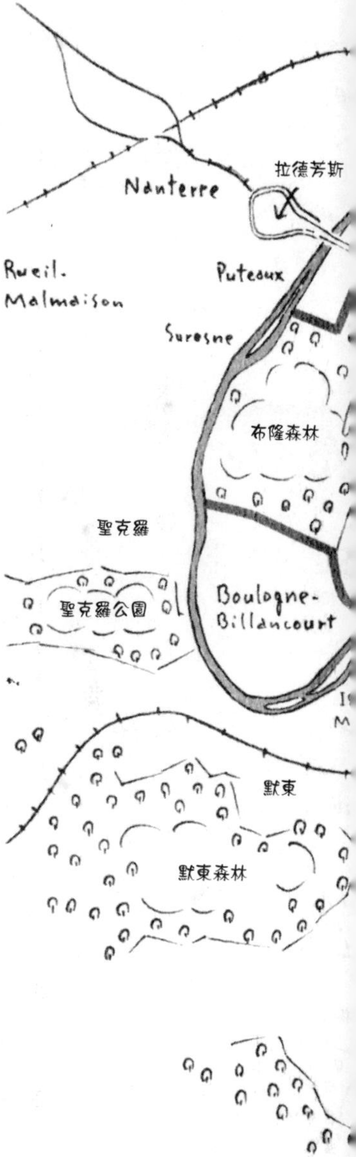
拉德芳斯
Nanterre
Rueil-
Malmaison
Puteaux
Suresne
布隆森林
聖克羅
聖克羅公園
Boulogne-
Billancourt
默東
默東森林